The Sorrows of Young Werther

New Collection

8

고등학교 영어로 다시 읽는 세계명작

젊은 베르테르의 슬픔

..gang von Goethe 원작

넥서스콘텐츠개발팀 엮음

넥서스

고등학교 영어로 다시 읽는 세계명작
New Collection 18
젊은 베르테르의 슬픔

원　작 Johann Wolfgang von Goethe
엮은이 넥서스콘텐츠개발팀
펴낸이 안용백
펴낸곳 (주)넥서스

초판 1쇄 발행 2006년 6월 30일
초판 4쇄 발행 2010년 6월 25일

2판 1쇄 인쇄 2013년 6월 15일
2판 1쇄 발행 2013년 6월 20일

출판신고 1992년 4월 3일 제311-2002-2호
121-840 서울시 마포구 서교동 394-2
Tel (02)330-5500 Fax (02)330-5555

ISBN　978-89-6790-368-8　14740
ISBN　978-89-5797-462-9　14740 (세트)

www.nexusbook.com

머 리 말

어릴 적 즐겨 읽었던 『이상한 나라의 앨리스』나 『작은 아씨들』을 이제 영어로 만나 보세요. 지난날 우리들을 설레게 했던 명작들을 영어로 읽어봄으로써, 우리말로는 느끼지 못했던 또 다른 재미와 감동을 느낄 수 있습니다. 또한 친숙한 이야기를 영어로 바꿔 읽는 것은 그 어느 학습 자료보다도 효과적입니다. 자신이 알고 있는 이야기를 떠올리며 앞으로 전개될 내용을 상상하며 읽어 나가면, 낯선 내용을 읽을 때만큼 어렵거나 부담스럽지 않기 때문입니다.

『중학교·고등학교 영어로 다시 읽는 세계명작 시리즈 New Collection』은 기존에 나와 있는 명작 시리즈와는 달리, 소설책을 읽듯 추억과 감동에 빠져들 수 있도록 원서의 느낌을 최대한 살렸습니다. 또한, 영한 대역 스타일을 탈피하여 우리말 번역을 권말에 배치함으로써 독자 여러분이 스스로 이야기를 이해하는 연습을 할 수 있도록 하였습니다. 더불어 원어민 성우들이 정확한 발음과 풍부한 감성으로 녹음한 MP3 파일은 눈과 귀로 벅찬 감동을 동시에 경험하며, 최대의 학습 효과를 얻을 수 있도록 제작되었습니다.

'순수하고 가슴 뭉클한 그 무엇'이 절실한 요즘, 주옥같은 세계명작을 다시금 읽으며 잠시나마 마음의 여유를 갖고 영어소설이 주는 감동에 빠져 보세요.

넥서스콘텐츠개발팀

이 시 리 즈 의 특 징

1 읽기 쉬운 영어로 Rewriting

한국인이 가장 좋아하는 세계명작만을 엄선하여, 원
문을 최대한 살리면서 중·고등학교 수준의 쉬운 영
어로 각색하였다. 『중학교 영어로 다시 읽는 세계명
작 시리즈』는 1,000단어, 『고등학교 영어로 다시 읽
는 세계명작 시리즈』는 2,000단어 수준으로 각색하
였으며, 어려운 어휘는 별도로 설명하였으므로 사전
없이도 읽을 수 있다.

2 학습 효과를 배가시키는 Summary

각 STORY 및 SCENE이 시작될 때마다 우리말 요
약을 제시하여 내용을 추측하면서 읽을 수 있기 때문
에, 원서의 부담을 덜면서 보다 큰 학습 효과를 얻을
수 있다.

3 학습용 MP3 파일

전문 원어민 성우들의 실감나는 연기가 담긴 MP3
파일을 들으면서, 읽기와 함께 듣기 및 말하기까지 연
습할 수 있다.

4 독자를 고려한 최적의 디자인

한 손에 쏙 들어오는 판형, 읽기 편한 서체와 크기 등
독자가 언제 어디서나 오랜 시간 즐겁게 읽을 수 있도
록 최상의 편집체제와 세련된 디자인을 고안하였다.

추 천   리 딩   가 이 드

step 1   **청해**   들으면서 의미 추측하기

책을 읽기에 앞서 MP3 파일을 들으며 이야 기의 내용을 추측해 본다.

step 2   **속독**   빨리 읽으면서 의미 추측하기

STORY 및 SCENE의 영문 제목과 우리말 요약을 읽은 다음, 본문을 읽으면서 혼자 힘 으로 뜻을 파악해 본다. 모르는 단어나 문장 이 나와도 멈추지 않고 전체적인 흐름을 파악 하는 데 주력한다.

step 3   **정독**   정확히 읽으면서 의미 파악하기

어구 풀이와 권말 번역을 참고하면서 정확한 의미를 파악한다.

step 4   **낭독**   소리 내어 읽으면서 소리와 친해지기

단어와 단어가 연결될 때 나타나는 발음현상 과 속도 등에 유의하면서 큰 소리로 또박또박 읽어본다.

step 5   **섀도잉**   따라 말하면서 회화 연습하기

MP3 파일을 들으며 원어민의 말을 한 박자 늦게 돌림노래 부르듯 따라 말하면서, 속도감 과 발음 등 회화에 효과적인 훈련을 한다.

이 시리즈의 구성

우리말 Summary

이야기를 읽기 전에 내용을 짐작해 봄으로써, 편안한 마음으로 읽을 수 있도록 우리말 요약을 제시하였다. 이를 힌트 삼아 보다 효과적인 내용 이해가 가능할 것이다.

영문

부담스러워 보이지 않고 편안하게 술술 읽히도록 서체와 크기, 간격 등을 최적의 체제로 편집하였다.

어구 풀이

이야기를 이해하는 데 도움이 되도록 어려운 어구를 순서대로 정리하였다. 이야기에 사용되는 의미를 우선순위로 하였으나, 2차적 의미가 중요하거나 불규칙 활용을 하는 경우도 함께 다뤄주어, 보다 풍부한 어구 학습이 되도록 배려하였다.

A Scandal in Bohemia

셜록 홈즈에게는 아이린이라는 단 한 명뿐인 기억 속에 남아 있는 여자이다. 그녀는 홈즈의지적 추구를 앓인 여자… 이 아이린 시절을 떼울하는 과정에서 그의 이해를 높이게끔 그를 놓치게 한 여성이었다.
어느 날 홈즈를 찾아 방문하며
한 여성과의 관계가 협의와 결혼에 휘말려 오으로 떠올릴 것이며,
그 빌미를 제공할 사진 한 장을 빼앗기 않다고 의뢰하는데…

1

To Sherlock Holmes, she is always the woman. I have seldom* heard him call her anything else. In his eyes she represents* the very best of all women. It was not that Holmes loved the late* Irene Adler. He did not allow himself to feel any

---

A Scandal in Bohemia 13

emotion,* particularly* love for a woman. He kept his mind cold and exact* and very balanced.* In my opinion Sherlock Holmes was the most perfect* mind that the world has ever seen. But he never spoke of the softer feelings, except with sarcasm.* He would not let himself feel a strong emotion; it would upset* him too much. But there was one woman for him and that woman was Irene Adler, someone remembered by perhaps nobody else.

Holmes and I had not met for a long time. I had married and now spent a lot of time with my wife in complete* happiness. Our new home kept me busy. Holmes, by contrast,* kept away from people as far as possible,* living at an old

seldom 좀처럼 ~ 않다 represent* ~ 나타내다, 상징하다 late 고(故), 사망한 emotion 감정 particularly 특히, 각별히 exact 정확한, 엄격한 balanced 균형잡힌 perfect 완벽한, 더할 나위 없는 sarcasm 빈정댐, 비꼬는 말 upset 당황하게 하다, 마음을 뒤집다 complete 완벽한, 완전한 by contrast 대조적으로 as far as possible 가능한 한 멀리

우리말 번역

문장 구성과 어구의 쓰임을 효율적으로 학습할 수 있도록 직역을 기본으로 하여 번역하였다. 가능하면 번역에 의존하지 않고 영문과 어구만으로 이야기를 이해하도록 하며, 번역은 참고만 하도록 한다.

페이지 표시

영문을 읽다가 해결되지 않는 부분이 있을 때 그에 대응하는 번역 부분을 손쉽게 찾을 수 있도록 해당 영문 페이지의 번호를 입력해 놓았다.

MP3 파일
www.nexusbook.com에서 다운로드

전문 원어민 성우들의 생생한 연기를 귀로 들으며, 바로 옆에서 누군가가 동화책을 읽어주는 것처럼 더욱 흥미롭고 효과적으로 학습할 수 있다.

저자 소개

요한 볼프강 폰 괴테는 1749년 독일 프랑크푸르트의 유서 깊은 집안의 큰 아들로 태어났다. 아버지는 황실 고문관이었고 어머니는 프랑크푸르트 시장의 딸이었다. 어려서부터 문학에 관심과 재능을 보이던 괴테는 1770년 대학에 진학해 법학을 공부했다.

괴테는 1772년 샤를로테 부프라는 여인을 사모하게 되지만 이미 약혼자가 있는 상대인 걸 알고 단념하게 되는데 이때 이루지 못한 사랑의 경험이 바로 25세 때 발표한 『젊은 베르테르의 슬픔』의 소재가 되었다. 이 소설로 괴테는 당시 젊은 세대들의 전폭적인 지지를 받았고 유명 작가로 이름을 얻게 되었다.

이후 괴테는 다양한 계층의 사람들과 만나게 되는데 이런 사교활동은 그의 문학관과 예술관에도 큰 영향을 끼치게 된다. 특히 바이마르에 머무는 동안 친분을 쌓은 샤를로테 폰 슈타인 부인과 각별한 우정을 나눈 것으로 잘 알려져 있다.

시인과 소설가로서 왕성한 창작활동을 한 괴테는 『빌헬름 마이스터의 수업시대』, 『파우스트 1부』 등의 명작을 발표하였고, 80세가 되던 1829년에 『이탈리아 기행』 전편을 완결하였다. 1831년 『파우스트 2부』를 완성했으며 그 다음해 세상을 떠났다.

작품 소개

괴테가 25세의 나이에 발표한 『젊은 베르테르의 슬픔』
은 자전적인 소설이라고 할 수 있다. 약혼자가 있는 샤를
로테 부프라는 여인을 사랑하게 된 괴테는 이룰 수 없는
사랑 때문에 괴로움을 겪게 된다. 괴테는 자신의 그러한
경험을 바탕으로 14주 만에 이 소설을 완성한 것으로 알
려져 있다.

1774년 이 소설이 출간되자마자 당시 사회는 큰 소용돌
이에 빠졌다. 소설 속의 베르테르처럼 실연을 당한 젊은이
들이 권총 자살을 하는 일이 생겼고, 계몽주의와 위선적인
격식을 거부하는 많은 젊은 세대들은 이 소설의 감동에 빠
져들게 되었다. 이와 함께 이 소설은 '질풍노도시대'를 대
표하는 문학으로 자리 잡았다.

『젊은 베르테르의 슬픔』이 몇 세기 동안 계속해서 전 세계
독자들에게 읽히고 있는 것은 사랑에 빠진 청년의 순수한
열정이 솔직하고 격정적인 어조로 표현되었기 때문이다.
열정적이고 낭만적인 청년 베르테르는 통과의례처럼 사
랑의 열병을 앓는 청춘을 대표하는 인물로 계속 기억될 것
이다.

Contents

CHAPTER 1

Move to the Town

한적한 곳으로 거주지를 옮긴 베르테르는
아름다운 자연과 여러 사람들을 만나면서 평화와 여유를 되찾는다.
특히 발하임에서 만난 사람들의 순수함과 소박함에 감동한다.

May 4, 1771

How happy I am that I am gone! My dear friend, how strange is the heart of man! To leave you, whom I love so dearly, and yet to feel happy! I know you will forgive me. My dear friend, I promise you that I will improve; I will no longer, as has been my habit, continue to worry about every little thing; I will enjoy the present, and the past shall be the past. No doubt* you are right, my dear friend, that there would be far less suffering* if we spent less time remembering past sorrows and instead endured the present with calm.

Please kindly inform my mother that I shall take care of her business to the best of my ability. I cannot write further; only assure my mother that all will be well.

My dear friend, misunderstandings and neglect* cause more trouble in the world than even hatred* and wickedness.* And indeed, the latter* two are less frequent.*

In other ways, I am very well. Solitude* in this paradise is soothing* to my mind,

---

no doubt 의심의 여지없이   **suffering** 고통   **neglect** 무시, 방치   **hatred** 증오
wickedness 사악함   **the latter** 후자   **frequent** 빈번하게 발생하는   **solitude**
고독   **soothe** 위로하다, 진정시키다

and the spring cheers my heart. Every tree, every bush, is full of flowers.

The town itself is unpleasant, but all around you find an inexpressible* beauty of nature. The late* Count M created a garden on one of the hills, forming a lovely valley. The garden is simple. I have already wept* at the memory of its departed master in a summer house. But it will soon be mine and I will be the master of the place.

May 10, 1771

A wonderful peace has filled my entire soul. It is like those sweet mornings of spring which I enjoy with my whole heart. I am alone, and feel the charm of life in this spot. I am so happy, my dear friend, so delighted by this tranquil* existence* that I neglect my talents. I am unable to draw right now, and yet I feel that I never was a greater artist than now. As I lie close to the earth, I feel the presence* of God. If I could only describe these ideas and write about all that is within me, that it might reflect my soul, just as my soul is the mirror of the infinite* God! O my friend—but it is too much for my strength—I sink* under the weight of the splendor* of these visions!

May 12, 1771

Everything around me seems like paradise. In front of the house is a fountain.* Descending* a gentle slope,* you come to an arch where water pours from a rock some twenty steps lower down. The narrow wall above, the tall trees which surround the spot, and the coolness of the place itself; everything gives a pleasant but sublime* impression. Not a day

---

inexpressible 표현할 수 없는   **late** 작고한, 고(故)   **weep** 울다; 한탄하다(weep-wept-wept)   **tranquil** 조용한   **existence** 생활; 존재   **presence** 존재
infinite 무한한   **sink** 가라앉다, 주저앉다   **splendor** 장엄함   **fountain** 샘, 분수
descend 내려가다   **slope** 경사진 곳   **sublime** 웅대한; 최고의

passes in which I do not spend an hour there. The young maidens* come from the town to fetch* water. As I take my rest there, the idea of the old patriarchal* life is awakened around me. I see them, our old ancestors, how they formed their friendships at the fountain-side, and I feel how fountains and streams were guarded by kind spirits. Whoever has never really enjoyed cool rest at the side of a fountain after a long, weary summer day does not know these sensations.

May 13, 1771

You ask whether you should send me books. My dear friend, I beg you, for the love of God, please don't! I do not need any more books. My heart is entertained* by itself. If I want comfort, I find it by reading *Homer*. I try to calm my heart, which is so unsteady and uncertain. But you know all this, my dear friend, who often saw my sudden moods from sorrow to joy, from melancholy* to violent* passions. I treat my poor heart like a sick child, indulging* its every wish. Do not mention this again!

May 15, 1771

The common people* of this area know me already. They love me, particularly the children. Persons who claim a certain rank keep themselves coldly distant from the common people as if they are afraid that they might lose their self-importance through contact* with lower-class* people.

I know very well that we are not all equal, but it is my opinion that the person who avoids the common people is just as bad as a coward* who hides himself

---

maiden 처녀, 소녀　**fetch** 가져가다　**patriarchal** 족장의, 원로의　**entertain** ～을 즐겁게 하다　**melancholy** 우울　**violent** 격한; 폭력적인　**indulge** (욕망을) 만족시키다, 마음대로 하게 하다　**common people** 서민층　**contact** 접촉 **lower-class** 낮은 계층의　**coward** 겁쟁이, 비겁한 사람

from his enemy because he fears defeat.*

The other day I went to the fountain, and found a young servant-girl, who had set her pitcher* on the lowest step. I ran down, and looked at her.

"Shall I help you, pretty girl?" said I.

She blushed deeply. "Oh, sir!" she exclaimed.

"No need for such courtesy*!" I replied.

I helped her, and she thanked me, and went up the steps.

May 17, 1771

I have met all sorts of people but have not yet found a group of friends. Many people like me, but if you ask what the people are like here, I must answer, "The same as everywhere." The human race* is boring.

But they are good people. I occasionally enjoy myself with them, for instance, around a table filled with food. Or I arrange an outing or a dance, and so forth. All this has a good influence* upon my character.

I have become acquainted with* a district judge,* an openhearted* man. It is delightful to see him with his nine children. His eldest daughter especially is highly regarded. He has invited me to go and see him, and I intend to* do so on the first opportunity. He lives at one of the royal hunting-lodges,* which he obtained* after the loss of his wife.

May 26, 1771
Near the town is a place called Walheim. A good old woman lives there, who keeps a small inn. She sells wine,

---

defeat 패배 pitcher 물동이 courtesy 정중, 예의 human race 인간, 인류
influence 영향 become acquainted with ~와 교제하게 되다, 알고 지내게
되다 district judge 지방 법원 판사 openhearted 솔직한, 숨김 없는 intend
to ~할 의도이다. hunting-lodge 수렵별장 obtain 얻다, 획득하다

beer, and coffee, and is cheerful and pleasant. I have seldom seen a place so peaceful; there, I drink my coffee and read *Homer*.

I came there accidentally* one fine afternoon and found it empty. Everybody was in the fields except a little boy about four years of age, who was sitting on the ground, and holding a child about six months old. He pressed his brother to his chest* with both arms; their two bodies thus formed a sort of armchair.* The sight charmed me. I sat down across from them, and sketched this little picture of brotherly* tenderness* with great delight. In about an hour, I had made a very interesting drawing.

May 27, 1771

I forgot to tell you about the children. Absorbed in my artistic thoughts, which I briefly described in my letter yesterday,

I continued sitting for two hours.
Toward evening a young woman came
running toward the children. They had
not moved all that time.

She exclaimed, "You are a good boy,
Philip!"

She greeted me. I returned it, stood up,
and asked if she were the mother of those
pretty children.

"Yes," she said, and giving the older a
piece of bread, she took the little one in
her arms and kissed him with a mother's
tenderness.

I talked with the woman and found that
she was the daughter of a schoolmaster.*
She also said that her husband was gone
on a journey into Switzerland for some
money a relative* had left him.

"They wanted to cheat* him," she said,

---

accidentally 우연히   **chest** 가슴; 흉부   **armchair** 안락의자   **brotherly** 형제
의, 형제다운   **tenderness** 다정, 친절   **schoolmaster** 교사, (영국 학교의) 교장
relative 친척, 친지   **cheat** 속이다; 사기치다

"and would not answer his letters, so he has gone there himself. I hope he has met with no accident, as I have heard nothing of him since his departure."

I left the woman, giving each of the children some coins, and so we parted.*

Since that time I have gone out there often. The children have become quite familiar* with me; and each gets a lump of* sugar when I drink my coffee, and they share my milk and bread and butter in the evening. They are quite comfortable with me, and they tell me everything; I am particularly amused with* watching the simplicity of their actions.

May 30, 1771

A party had gathered outside the house under the trees to drink coffee. The company did not exactly please me; and, under some excuse,* I lingered* behind.

A peasant* came from a nearby house and set to work. His appearance* pleased me; I spoke to him, asked about his circumstances,* and soon came to know his story. He said he worked for a young widow.* He spoke so much of his mistress,* and praised her so extravagantly* that I could soon see that he was desperately in love with her.

"She is no longer young," he said, "and she was treated so badly by her former husband that she does not want to marry again."

I was particularly touched by his respectful words about his mistress. The charming manner with which he described her is inexpressible, and must be left to the imagination.* I have never

---

part 헤어지다; 부분 **familiar** 친숙한, 친근한 **a lump of** (설탕) 한 덩어리의 **be amused with** ~에 즐거워하다 **excuse** 핑계, 변명 **linger** 서성거리다, 머뭇거리다 **peasant** 농부 **appearance** 등장, 나타남 **circumstance** 신상, 처지 **widow** 미망인, 과부 **mistress** 여주인 **extravagantly** 도를 지나치게; 사치스럽게 **imagination** 상상

in my life witnessed or imagined the possibility of such intense devotion,* such ardent* affections,* with so much purity. The recollection of this innocence and truth deeply impressed my soul; that this picture of fidelity* and tenderness haunts* me everywhere; my own heart, like a flame, glows and burns within me.

I mean now to try and see her as soon as I can; or perhaps, on second thought, I had better not; it is better I should imagine her through the eyes of her lover. Perhaps she would not appear the way she now stands in my imagination, and why should I destroy so sweet a picture?

Hopeless Love

아름답고 상냥한 샤를로테를 만나 사랑에 빠지지만
샤를로테는 이미 알베르트와 약혼한 사이이다.
괴로운 베르테르는 다른 곳으로 떠나지만 결국 다시 돌아온다.
베르테르의 절망은 샤를로테가 결혼하면서 더욱 깊어가고
결국에는 삶에 대한 의욕을 잃고 만다.

June 16, 1771

"Why do I not write to you?" You should have guessed that I am well—that is to simply say—I have met someone who

---

devotion 헌신, 헌신적 사랑 **ardent** 열렬한 **affection** 애정 **fidelity** 성실
haunt 따라다니다

has won my heart.

To tell you how I met the most won-derful woman would be a difficult task. I am a happy and contented* human being, but a poor historian.*

An angel! Nonsense! Everybody describes his beloved that way, and yet I find it impossible to tell you how perfect she is, or why she is so perfect; let me simply say she has captivated* all of my senses.

She has so much simplicity* with so much understanding—she is so mild and yet so resolute—a mind so calm and a life so active.

But all this is ugly nonsense! It doesn't capture* a single detail. Some other time —but no, not some other time, now, this very instant—I will tell you all about her.

What a delight it was to see her among dear, beautiful children: her eight brothers and sisters!

I mentioned to you the other day that I had become acquainted with S, the district judge, and that he had invited me to visit him in his retirement.* Some of our young people had proposed hosting a dance ball* in the country. I agreed to attend this event. For this evening, I asked a pleasant, but rather common girl from the neighborhood to go with me; and it was agreed that I should hire a carriage, and call upon a woman named Charlotte, with my partner and my partner's aunt, to escort them all to the ball. My companion* informed* me, as we drove to the hunting-lodge, that I would meet this Charlotte, a very charming young lady.

"Be careful," added the aunt, "that you

---

contented 만족해하는   **historian** 역사가, 사학자   **captivate** 사로잡다
simplicity 순진, 순수   **capture** 포착하다   **retirement** 은거지; 은퇴   **dance
ball** 무도회   **companion** 동행자, 동반자   **inform** 알려주다

do not lose your heart."

"Why?" I asked.

"Because she is already engaged to a very worthy* man," she replied, "who has gone to settle his affairs after the death of his father, and will inherit* a very considerable* amount of money."

This information held no interest for me. When we arrived at the gate, the sun was setting behind the mountains and the ladies became worried that there might be an approaching storm. Black clouds were gathering on the horizon.

We stepped out of the carriage at the place where we were to meet this young Charlotte. A maid came to the door and asked us to wait a moment for her mistress. I walked to a well-built house, and opening the door, saw before me the most charming scene I have ever witnessed. Six children, from eleven to two years old, were running about the hall, and surrounding a lady of middle height, with a lovely figure. She was dressed in a robe of simple white, trimmed with pink ribbons. In her hand, she was holding a loaf of bread and was cutting slices of it for the little children all around her. She performed her task in a graceful and affectionate* manner; each child waited his or her turn with outstretched hands, while boisterously* shouting their thanks.

Some of them ran away at once, to enjoy their evening meal; while others, who seemed gentler, retired* to the courtyard to see the strangers, and to look at the carriage in which their sister Charlotte was to drive away.

"Please forgive me for giving you the

---

worthy 훌륭한; 가치 있는   **inherit** 상속받다, 물려받다   **considerable** 상당한
affectionate 애정이 넘치는, 사랑스러운   **boisterously** 떠들썩하게, 명랑하게
retire ~로 물러나다; 은퇴하다

trouble to come and take me to the dance, and for keeping the ladies waiting, but I forgot the children's supper, and they do not like to take it from anyone but me," she said.

My whole soul was absorbed by* her attitude, her voice, her manners.

Before leaving, she told her next sister, Sophy, a girl about eleven years old, to take care of the children, and to say good-bye to papa for her when he came home from his ride. She told the little children to obey* their sister Sophy just as they would her. Some of the children promised that they would, but a little girl, about six years old, looked unhappy, and said, "But Sophy is not you, Charlotte, and we like you best."

Inside the carriage, the aunt asked Charlotte whether she had finished the book she had last sent her.

"No," said Charlotte, "I did not like it; you can have it back again."

I was surprised, after asking the title, to hear that it was ○○○.

I felt that this young woman had depth and character in everything she said; every expression seemed to make her more attractive* with new charms and displays of genius,* which were revealed to* me little by little.

"When I was younger," she observed, "I loved nothing better than romances.* Nothing could delight me more than when I could settle down quietly in a corner, and enter with my whole heart and soul into the joys or sorrows of some fictitious* character. I do not deny that these romances still hold some charms for me. But I read so seldom these days,

---

be absorbed by ~에 빠져들다   **obey** 복종하다, 말을 잘 듣다   **attractive** 매력적인   **genius** 재능: 천재   **be revealed to** ~에 드러나다; 나타나다   **romance** 소설, 특히 연애 소설   **fictitious** 허구적인, 만들어진

that I prefer books suited exactly to my taste. And I like those authors best whose scenes describe my own situation in life and the friends who are about me, whose stories touch me with interest, those which are like my own simple existence. While not an absolute* paradise, it is, on the whole,* a source of indescribable* happiness."

I tried to hide my emotions, but it was of little use; for when she had expressed so truly her opinion of the novel, *The Vicar of Wakefield*,* and of other book titles which I did not mention, I could no longer contain myself,* but spoke honestly of what I thought of them; and it was not until Charlotte had spoken to the two other ladies in the carriage, that I remembered the presence of these two other women, and observed them sitting quietly in astonishment.

You, who know me, can imagine how steadily* I gazed upon her rich dark eyes during these remarks,* how my very soul was amazed by her warm lips and fresh, glowing cheeks, how I became quite lost in the delightful meaning of her words, so that I scarcely heard the actual expressions of what she said. In short, I got out of the carriage like a person in a dream, and was so lost to the world that I scarcely heard the music from the ballroom.

Two men who were the aunt's and Charlotte's partners, met us at the carriage-door, and escorted their ladies into the house; while I followed with my partner.

We started with a minuet. I led out one lady after another.* Charlotte and

absolute 완전한, 절대적인 on the whole 대개, 일반적으로 indescribable 묘사하기 힘든 The Vicar of Wakefield 웨이크필드의 시골 목사(올리버 골드스미스의 소설) contain oneself 자제하다, 참다 steadily 끊임없이; 착실하게 remark 말, 언급 one after another 차례로

her partner began an English country dance, and you must imagine my delight when it was their turn to dance the figure with us. You should see Charlotte dance. She dances with her whole heart and soul; her figure is all harmony, elegance,* and grace as if she were aware of nothing else, and had no other thought or feeling.

She was with another male partner for the second country dance; but promised me that I could be her partner for the third dance, and assured me that she was very fond of waltzing.

"It is the custom here," she said, "for the previous* partners to waltz together; but my partner does not enjoy to dance the waltz, and will feel delighted if I do not dance with him. I observed during the country dance that you waltz well, so if you will waltz with me, I beg you would propose it to my partner, and I will propose it to yours."

We agreed, and it was arranged that our partners should mutually* entertain each other.

We started to dance, and, at first, we delighted ourselves with the usual graceful motions of the arms. She moved with such grace and ease! I never danced more lightly. I felt myself more than just a mortal,* holding this loveliest of creatures in my arms, flying with her as rapidly as the wind, until I did not notice anything else, and O Wilhelm, I promised myself at that moment, that a woman whom I loved, or for whom I felt the slightest attachment,* should never, never waltz with any one else but with me—even if I went to hell for it!—you will understand this.

We spent a few times resting in the

---

elegance 우아함 **previous** 이전의, 예전의 **mutually** 서로 **mortal** 죽을 운명의 인간 **attachment** 애정, 애착

room to recover our breath. Charlotte sat down, and we felt refreshed by eating some oranges which I had obtained, but when she politely offered to share them with her neighbors, I felt as though a dagger* went through my heart.

We were the second couple in the third country dance. As we danced, we passed a lady who looked at Charlotte with a smile, then, holding up her finger in a threatening* way, twice repeated the name, "Albert" in a very serious tone.

"Who is Albert?" I asked Charlotte.

"Yes, well, why should I hide it from you?" she said. "Albert is a worthy man, to whom I am engaged."

Now, there was nothing new to me in this (for the girls had told me of this fact on the way), but it still surprised me because I had not thought of this fact in connection with* this woman whom, in so short a time, I had suddenly learned to prize* so highly.

The dance was not yet finished when the storm suddenly came. The lightning,* which for some time had been seen in the horizon, grew more violent; the thunder* was heard above the music. The ladies became frightened and shrieked.* One lady sat down in a corner with her back to the window, and held her fingers to her ears; a second woman kneeled down before her, and hid her face in her lap; a third embraced her sister with tears; some insisted on going home. Some of the gentlemen had gone downstairs to smoke cigars, and the rest of the company gladly followed the suggestion* of the hostess* to go to another room which

---

dagger 단수; 적의 **threatening** 협박하는, 겁주는 **in connection with** ~와 관련하여 **prize** 높이 평가하다, 존중하다 **lightning** 번개 **thunder** 천둥 **shriek** 비명을 지르다 **suggestion** 제안 **hostess** 여주인

had shutters and curtains. We had hardly got there, when Charlotte placed the chairs in a circle, and when the company had sat down, she proposed a game.

"Let us play a counting game," said Charlotte. "Now, pay attention. I shall go around the circle from right to left, and each person is to count, one after the other, the number that comes to him. You must count fast; whoever stops or makes mistakes will be hit on the ear, and so on, until we have counted to one thousand."

It was delightful to see the fun. She went around the circle with her arm raised up. "One," said the first; "two," said the second; "three," the third; and so on, until Charlotte went faster and faster. One made a mistake, and was instantly slapped* on the ear; and, amid* the laughter* that followed, another person made a mistake and was suddenly hit;

and so on, faster and faster. I felt quite delighted. A general laughter and confusion put an end to the game long before we had counted as far as a thousand.

The party broke up into little separate groups; the storm had ceased,* and I followed Charlotte into the ballroom.

On the way she said, "The game removed all their fears of the storm." I could make no reply. "I myself," she continued, "was as frightened as the rest of the people. But by acting courageous, to keep up the spirits of the others, I forgot my fears."

We went to the window. It was still thundering at a distance; a soft rain was pouring down over the countryside. Charlotte leaned forward on her arm; her eyes wandered over* the scene; she raised them to the sky, and then turned

---

slap 찰싹 때리다, 뺨을 때리다   amid ~의 도중에   laughter 웃음, 웃음소리
cease 멈추다   wander over ~을 옮겨 다니다, 이리저리 움직이다

them toward me; they were moistened*
with tears; she placed her hand on mine
and said the name of the German poet:
"Klopstock*!" Immediately, I remem-
bered the magnificent* ode* which was
in her thoughts: I felt terribly heavy with
the weight of my sensations. It was more
than I could bear. I bent over* her hand,
kissed it in a stream of delicious tears,
and again looked up to her eyes.

June 19, 1771

I no longer remember where I stopped
in my story; I only know that it was two
in the morning when I went to bed.

As we rode* home from the ball, the
sun was just rising and our companions
were asleep. Charlotte asked me if I were
tired, but I answered, "As long as I see
those eyes open, there is no fear of my
falling asleep."

I asked her permission* to visit her again. She agreed, and I said goodbye to her at her house. I do not know whether it is day or night; the whole world is nothing to me.

June 21, 1771

I have tasted the purest joy of life! I am now completely settled* and near to my beloved Charlotte.

Little did I imagine that when I moved to Walheim that Heaven would be so near. This place now contains* all the joy of my heart!

June 29, 1771

The day before yesterday, the physician* found me on the floor playing with Charlotte's children. Yes, my dear

---

moistened 축축한, 젖은   Klopstock 클롭슈토크 (독일 계몽주의 시대의 시인)
magnificent 의미심장한   ode 송사, 송시   bend over ~의 위로 구부리다, 숙이
다(bend-bent-bent)   ride ~을 타다(ride-rode-ridden)   permission 허락
settled 안정된   contain 포함하다; 내포하다   physician 의사

Wilhelm, nothing on this earth affects*
my heart so much as children. When I
watch them at play, I am reminded of the
golden words* of our Great Teacher,
Jesus: You must become like a child to
enter the Kingdom of Heaven!

July 1, 1771

I went with Charlotte last week on a
visit to the Vicar* of S, a small mountain
village. Charlotte asked about the Vicar's
daughter. Just then, his daughter returned
from the garden, accompanied by a man
named Herr Schmidt. The daughter
welcomed Charlotte affectionately. Herr
Schmidt, her lover, was a polite, reserved*
man, but would not join our conversation.
I was very annoyed that he seemed to be
an unfriendly man.

Nothing disturbs me more than
crabbiness* and in the evening, when the
conversation turned to the joys and

sorrows of the world, I could not resist the temptation* to bitterly criticize* people of ill humor.*

"We tend to complain,*" I said, "but we should regard such a cranky* temper* as a disease* that ought to be cured."

Herr Schmidt objected.*

"You call ill humor a crime," he remarked, "but I think you use too strong a term."

"Not at all," I replied, "for ill humor comes from within ourselves, from our own vanity* and foolish pride and envy.* We see other people happy and cannot endure* the sight."

Charlotte looked at me with a smile; she noticed how emotional I was when I spoke. A tear in the eyes of the daughter,

---

affect 감명을 주다; 영향을 미치다 **golden words** 금언, 명언 **vicar** 목사 **reserved** 말수가 적은, 수줍은 **crabbiness** 깎아내림, 흠잡기 **temptation** 유혹 **criticize** 비난하다; 비평하다 **ill humor** 기분이 나쁨; 언짢음 **complain** 불평하다 **cranky** 심기가 뒤틀린, 괴팍한 **temper** 기질, 기분 **disease** 질병 **object** 반대하다 **vanity** 허영 **envy** 시기 **endure** 참다, 견디다

Frederica, made me continue to speak. My heart was full of emotion as I spoke, and my eyes filled with tears. I buried my face in my handkerchief.

Later, Charlotte gently scolded me for being so emotional and urged* me to restrain myself* in the future or else I would cause myself too much pain. Yes, my angel! I will do so for your sake.

July 6, 1771

Yesterday, Charlotte and I stopped at the spring to refresh ourselves.* She is such a bright, beautiful creature whose presence soothes pain and produces such happiness in everything she does.

July 8, 1771

How childish* I am! We were with several young men last night, all laughing and joking together. I watched Charlotte's eyes. They wandered from one to the other, but they did not look at me. O but I was looking only at her! My heart silently said goodbye to her a thousand times, but she did not notice me!

The carriage then drove off, and my eyes filled with tears. I looked at her leaving in pain; suddenly I saw Charlotte's hat leaning out of the window, and she turned to look back. Was it at me? My dear friend, I do not know. Perhaps she turned to look at me. Perhaps! What a child I am!

July 13, 1771

No, I am not deceiving myself. In her dark eyes I can detect* genuine interest in me. Yes, I feel it, and I may believe my own heart which tells me—dare I say it?—that she loves me!

---

urge 강요하다, 촉구하다   restrain oneself 자제하다, 억제하다   refresh oneself 기운을 차리다; 상쾌해지다   childish 어린애 같은, 유치한   detect 발견하다, 간파하다

Is it the truth? I do not know anyone who is able to replace me in her heart, but she speaks of her fiancé* with so much warmth and affection. I feel like a soldier who has been stripped* of his medals and his sword.*

July 16, 1771

My heart beats so fast when I acciden-tally touch her finger, or when my feet touch hers under the table! Her innocent heart will never know what agony* this causes me. Sometimes, when we are talking closely and she lays her hand on mine, I feel as if lightning had struck me.

To me, she is a sacred* being. I cannot express my sensations when I am near her. How she enchants* me!

July 18, 1771

Wilhelm, what is the world to our

hearts without love? What is a lantern*
without light? I have not been able to
see Charlotte today because of work at
home. I sent my servant to her house,
so that I might at least see somebody
today who had been near her. Oh, the
impatience with which I waited for his
return! The joy with which I welcomed
him! I almost embraced and kissed him!

The very fact that Charlotte's eyes had
seen my servant made me so happy! Do
not laugh at me, Wilhelm. Can that be a
delusion* which makes us happy?

July 19, 1771

"I shall see her today!" I exclaim with
delight, when I rise in the morning. All is
included in that one thought.

---

fiancé 약혼자   **strip** 빼앗다, 약탈하다   **sword** 검(劍)   **agony** 고통, 몸부림
sacred 신성한   **enchant** 황홀하게 하다   **lantern** 등; 환등기   **delusion** 환상,
착각

July 24, 1771

You ask about my drawing, but let me tell you that I never felt happier, I never understood nature better, and yet I am unable to express myself.

I have tried to paint Charlotte's portrait* three times, but failed.

July 26, 1771

I have often tried not to see Charlotte so frequently. But who could keep such a promise? Every day I am exposed to* the temptation, and promise myself faithfully* that tomorrow I will really stay away from her. But when tomorrow comes, I find some irresistible* reason for seeing her, and before I realize it, I am with her again.

July 30, 1771

Charlotte's fiancé Albert has arrived, and he is a splendid* gentleman. For-

tunately I was not there at their meeting.
It would have broken my heart! And he
is so considerate*; he has not given
Charlotte one kiss in my presence. I thank
Heaven that he has not done so! I must
love him for the respect with which he
treats her. He shows respect toward me,
but I think that this is because of what
Charlotte has said rather than his own
affection for me.

I cannot help but respect Albert. He is
calm and has a great deal of feeling, and
is fully aware of the great treasure he is to
marry. He is free from ill humor, which
you know is the character fault I hate the
most.

His awareness of my intense attach-
ment and interest in Charlotte only

---

portrait 초상화   **be exposed to** ~에 노출되다   **faithfully** 굳게; 성실하게
irresistible 저항할 수 없는, 억누를 수 없는   **splendid** 근사한; 화려한
considerate 배려가 깊은, 사려가 깊은

serves to strengthen* his triumph* and his love for her. I will not ask whether he sometimes teases* her with little jealousies—if I were in his place, I would certainly be jealous.

But my pleasure with Charlotte is over. Before Albert came, I knew all that I know now about her engagement. I knew I could not pretend to* have her, and yet, look at how foolish I have become, astonished when her fiancé arrives and takes the love of my heart away from me!

When I now visit Charlotte and find Albert sitting by her side in the garden, I am unable to bear it and behave like a fool. I am always away now whenever he visits her, and I feel delighted when I find her alone.

August 8, 1771
Dear Wilhelm, you say that either I

hope to win Charlotte or I do not. If I do, then you say I should try to fulfill* my ardent desire. If not, then you tell me to be a man and get rid of this passion. My dear friend, that is easily said.

But what if I were suffering from a disease that weakens me so that I do not have the strength to take the cure*?

Enough! There are times, Wilhelm, when I feel I could shake it all off. There are times when, if I only knew where to go, I feel as though I could fly away from this place.

August 10, 1771

If I were not a fool, I could spend the happiest and most delightful life here. To be admitted* into this most charming

---

strengthen 강하게 하다 **triumph** 승리 **tease** 괴롭히다; 놀리다 **pretend to** ~하는 척 하다 **fulfill** 충족시키다, 채우다 **take the cure** 치료하다 **admit** 인정 하다; 수용하다

family, to be loved by the father as a son, by the children as a father, and by Charlotte! Then the noble Albert, who never disturbs my happiness with any ill humor, who treats me with the heartiest affection, and loves me, next to Charlotte, better than all the world! Wilhelm, you would be delighted to hear Albert and I speak about Charlotte. Nothing in the world can be more absurd* than our close relationship, and yet the thought of it often moves me to tears.

Albert is to remain here. He has received a government appointment,* with a very good salary.*

August 12, 1771
Certainly Albert is the best fellow in the world. I had a strange scene* with him yesterday.

As I was walking up and down his

room, I happened to see his pistols.

"Lend me those pistols," I said, "for my journey."

"Of course," he replied, "if you will load them with bullets*; for the pistols only hang there for decoration.*"

He explained how his servant had once had a terrible accident and ever since then, he always carefully kept them unloaded and has nothing to do with them.

He continued, "But, my dear friend, what is the use of being careful? We can never be on our guard against all possible dangers."

While Albert was deeply involved in his subject, I stopped listening to him and fell into a sort of trance.*

Suddenly, I pointed the pistol to my

---

absurd 부조리한 **appointment** 임명 **salary** 수입, 연봉 **have a scene** 소동을 피우다, 말다툼을 하다 **load ~ with ...** ~에 …를 싣다, 총알을 장전하다 **decoration** 장식 **trance** 혼수상태, 몽롱한 상태

forehead.

"What do you mean?" cried Albert.

"It is not loaded," I said.

"Still," he answered with impatience, "I cannot understand how a man can be so insane as to shoot himself. The very idea is shocking!"

"But how can anyone," I argued, "judge it to be insane or wise, or good or bad? Have you carefully studied the secret reasons for our actions? Do you understand the causes which sometimes make such actions inevitable*?"

"But you will admit," said Albert, "that some actions are criminal, whatever the reason or motive."

"But still, my good friend," I continued, "there are some exceptions* here too. Theft* is a crime, but the man who commits it to save his extremely poor family from starving,* is he an object* of pity, or of punishment*? How can you judge? You moral men are so judgmental! You hate the drunken man or the extravagant* man, but are proud that you are not like one of them. Shame on* you, you wise men!"

Albert responded, "You always exaggerate,* and in this matter you are clearly wrong; for we were speaking of suicide,* which you compare with* great actions. But suicide is nothing more than weakness. It is much easier to die than to bear* a life of misery with courage."

I answered him, "You call suicide a weakness, but is it really weakness?"

"Human nature," I continued, "has its limits. It is able to endure a certain degree of joy, sorrow, and pain, but becomes destroyed as soon as this measure is exceeded.* The question, therefore, is,

---

inevitable 불가피한   exception 예외   theft 절도   starve 굶주리다   object 대상; 목적   punishment 처벌   extravagant 사치스러운   shame on ~에 부끄러움을 느끼다   exaggerate 과장하다   suicide 자살하다   compare with ~와 비유하다, 비교하다   bear 견디다, 참다   exceed 넘어서다; 초과하다

not whether a man is strong or weak, but whether he is able to endure the full extent* of his sufferings. In my opinion, calling a man a coward who destroys himself is like calling a man a coward who dies of a terrible, incurable* fever."

I gave the example of a girl who had drowned. "After being rejected* by her lover, she finds no hope in the world. Filled with agony, she throws herself off a cliff and into the ocean where she drowns. With her heart broken, she felt abandoned,* cast away by the world; the agony was torturing* her soul, so she ends her suffering by drowning herself. See here, Albert, is this not the same as suffering from a physical disease? Nature has no way to escape: Her powers are exhausted*; the poor soul must die.

Shame on anyone who criticizes her. That is like calling a sick man a fool because he died of a fever!"

Albert, still could not understand.

"My friend!" I exclaimed, "man is but man, and no matter how strong his reasoning, it is of little use when passion rages within."

Alas! my heart was filled with emotions, and we parted each other without any resolution* or understanding on either side. How rarely in this world do men understand each other!

August 18, 1771

Must it always be like this; that the source of our happiness must also be the source of our misery? The emotions which delighted my heart with the love of nature have now become torture, a demon which constantly harasses* me. I

---

extent 범위, 정도 incurable 치유할 수 없는 reject 거부하다, 거절하다
abandoned 버림받은 torture 괴롭히다, 고문하다 exhausted 소진한, 기력이
다한 resolution 결정, 해결 harass 괴롭히다, 공격하다

used to find such solace* in the magnifi-
cence* of nature: the breeze,* the insects,
the sun, the trees! Through them, I saw
the beauty of the eternal* Creator who
accomplishes* all things.

My dear friend, the memory of those
hours still consoles* me. But even this
only doubles the intensity* of my present
anguish.*

It is as if a curtain had been drawn from
before my eyes, and, instead of prospects*
of eternal life, the abyss* of a grave has
opened before me. Nature has become
chaos. The great disasters* of the world,
the floods which sweep away* whole
villages, the earthquakes* which swallow
up our towns; my heart trembles* at the
destructive* power which lies hidden in
every part of nature. Nature has created
nothing that does not destroy itself; to
me, the universe is a fearful monster,*
forever eating its own children.

August 21, 1771

I stretch out my arms toward her when I wake in the morning in vain.* In vain do I seek for her at night in my bed. Without any comfort, I weep over my future.

August 22, 1771

What misfortune, Wilhelm! My mood has fallen into such despair so that I am unable to work. I cannot think: I no longer have any feeling for the beauty of nature, and books are distasteful* to me. Once we give ourselves up, we are totally lost.

I often envy Albert when I see him working in a heap of* papers, and I imagine that I would be happy if I were

---

solace 위안 magnificence 화려함, 웅장함 breeze 산들바람, 미풍 eternal 불변의, 영원한 accomplish 성취하다, 완성하다 console 위로하다 intensity 강도 anguish 격통, 고뇌 prospect 전망 abyss 나락, 심연 disaster 재난 sweep away ~을 휩쓸고 지나가다 earthquake 지진 tremble 떨다, 전율하다 destructive 파괴적인 monster 괴물 in vain 헛되이 distasteful 불쾌한, 싫은 a heap of 많은, 다수의

in his place. I have thus written to the minister* for a position working at the embassy.* I believe I might be able to attain the job. The minister has always liked me and has often urged me to seek employment.

August 28, 1771
This is my birthday, and early in the morning I received a package* from Albert. Opening it, I found one of the pink ribbons which Charlotte wore in her dress the first time I saw her, and which I had several times asked her to give me. I kissed the ribbon a thousand times, and with every breath made me remember those happy days which filled me with joy. This, Wilhelm, is my fate.

August 30, 1771
I am so unhappy! Why do I fool myself? What is to come of all this wild, aimless,*

endless passion? I cannot pray* except
her. My imagination sees nothing but
her. Ah, Wilhelm, when I spend several
hours with her, I feel completely absorbed
by her beauty, her grace, her thoughts,
and my beating heart seeks relief. I
sometimes do not know whether I really
exist. Sometimes I lie stretched on the
ground, overcome with* fatigue* and
dying with thirst; sometimes, late in the
night, when the moon shines above me,
I lean against an old tree in the forest, to
rest my exhausted, weary body, and sleep
until dawn. O Wilhelm! Goodbye! I see
no end to this misery except the grave.

September 10, 1771

Oh, what a night, Wilhelm! I shall
never see her again. She is sleeping
calmly, unaware that she has seen me for

---

minister 장관 **embassy** 대사관, 공사관 **package** 소포; 꾸러미 **aimless** 목
적이 없는 **pray** 기도하다 **overcome with** ~에 굴복하다 **fatigue** 피곤, 피로

the last time. I did not tell her that I would be leaving.

I met Albert and Charlotte in the garden terrace. I ran to meet them. I trembled as I took her hand, and kissed it. As we reached the top of the terrace, the moon rose from behind the hill. We sat and talked, but I was so disturbed and nervous that I could not stay still. I got up and stood before her, then walked backward and forward, and sat down again. I was restless* and miserable. Charlotte pointed out the beautiful moonlight. It was a glorious sight.

Then Charlotte said, "Whenever I walk in the moonlight, I remember all my beloved friends who have passed away,* and I am filled with thoughts of death and the afterlife.* We shall live again, Werther!" she continued, "But we will recognize one another again? What do you think?"

"Charlotte," I said, as I took her hand in mine, and my eyes filled with tears, "we shall see each other again; after death we shall meet again." I could say no more.

Why, Wilhelm, did she ask this question to me, just at the moment when our cruel separation* filled my heart?

Charlotte asked, "Do those who have died know we who are living are well and happy? Do they know when we recall* memories of them with the fondest love?"

I threw myself at her feet and seized* her hand.

"Charlotte!" I exclaimed with tears in my eyes, "God's blessing and your mother's spirit are with you."

"Oh! I wish you had known her," she said. "Yet she was doomed to* die in the

---

restless 불안한, 안절부절 못하는   **pass away** 죽다   **afterlife** 사후의 삶
separation 이별; 분리   **recall** 회상하다, 떠올리다   **seize** 붙잡다   **be doomed
to** ~로 운명 짓다

prime* of her youth, when her youngest child was scarcely six months old. Before she died, she said to me, 'Be a mother to them.'" She continued, "Great God, must we thus say goodbye to everything we hold dear in this world?"

Charlotte rose. She tried to pull her hand away; I held on to it.

"We shall see each other again," I exclaimed. "We shall recognize each other no matter what we look like. Goodbye, Charlotte; goodbye, Albert. We shall meet again."

"Yes, tomorrow, I think," she answered with a smile.

Tomorrow! How the word pierced* me! Albert and Charlotte left, walking away down the street. I stood gazing after them in the moonlight. I threw myself on the ground, and wept. I then jumped up and saw under the shade of the trees, her white dress disappearing near the garden-gate. I stretched out my arms, and she vanished.*

October 20, 1771

I arrived here at my new position yesterday. The ambassador* is not here at the moment, but I can already see that Heaven has arranged severe* trials* for me. Do I have to feel despair over my talents and abilities, while others who are not as gifted* as me show off in front of me with such smug* self-satisfaction?

But I will be patient! Everything will turn out well. We often compare ourselves to others and our happiness and misery tend to depend on objects and people around us. But if we work hard, things will turn out better than we hoped.

---

prime 전성기, 한창때   **pierce** 사무치다: 찌르다   **vanish** 사라지다, 희미해지다
ambassador 공사, 대사   **severe** 가혹한, 혹독한   **trial** 시련: 실험   **gifted** 재능
있는   **smug** 잘난 체 하는: 독선적인

November 26, 1771

I have begun to find my situation here at work to be better, given the circumstances. I find it much better to be busy, and the many people I meet are a real entertainment* for me. I have come to know Count C and I respect him more and more every day. He is a man of strong understanding and great discernment.* It is the greatest and most genuine* pleasure to meet a great mind in sympathy with* my own.

December 24, 1771

As I expected, the ambassador greatly annoys me. He is the most ridiculously cautious blockhead* under heaven. He does everything step by step, with the silly detail of an old woman, and he is a man whom it is impossible to please because he is never pleased with himself. I like to do business regularly and cheerfully, but he constantly returns my papers to me, recommending* that I look over them again. I then lose all my patience. It is terrible to work with such a person.

My acquaintance with the Count C is the only comfort for such an obnoxious* person such as the ambassador. He told me frankly, the other day, that he was not happy with all of the difficulties and delays* of the ambassador.

The ambassador is aware that the Count likes me. This annoys him, and he uses every opportunity to criticize the Count in front of me. I naturally defend* him, and that only makes things worse. We had a slight argument* about the Count.

---

entertainment 즐거움; 여흥 discernment 식견 genuine 진짜의, 순수한 in sympathy with ~와 통하는, 일치하는 blockhead 멍청이, 얼간이 recommend 권유하다 obnoxious 불쾌한 delay 지체, 연기 defend 옹호하다; 지키다 argument 논쟁, 말다툼

Oh, the misery, the weariness, that one is doomed to witness among the silly people whom we meet in society here! The ambition of rank! How people work to gain status*!

Every day I observe more and more the foolishness of judging others. What irritates* me most is the extent to which people care about distinctions of rank.*

I have lately come to know a very pleasant girl named Miss B. Our first conversation pleased us both; I asked her permission to visit her again. She agreed, in such a polite way, that I waited impatiently to see her again. She is not a native of this place, but lives here with her aunt. The aunt is a widow and not very friendly; she only cares about her family rank and the pedigree* of her ancestors. She spends her old age alone, and would not have any visitors if it were not for her lovely niece.

January 8, 1772

How silly men are, who only think about advancing themselves so that they can sit at a higher place at the table! They give themselves much trouble by neglecting important business for such petty* things. The silly men cannot see that it is not a place which is the basis for real greatness, since the man who occupies* the first place usually does not play the main role. How many kings are really under control of their ministers; how many ministers are really under the control of their secretaries*? Who, in such cases, is really the head person?

---

status 지위, 신분 **irritate** 화나게 하다, 짜증나게 하다 **distinction of rank** 신분차별 **pedigree** 가계, 혈통 **petty** 사소한, 보잘 것 없는 **occupy** 차지하다: 소유하다 **secretary** 비서관, 비서

January 20, 1772

I must write to you from this place, my dear Charlotte, from a small room in a country inn, where I have taken shelter* from a severe storm. You are my first thought. O my Charlotte, the memories! Gracious Heaven! Let me go back to the happy moment of the moment when we first met.

If you could only see how pitiful I have become, Charlotte. I enjoy no single moment of happiness; all is meaningless*; everything is empty. I do not know why I rise in the morning, nor why I go to sleep at night.

I have found only one person who interests me, a Miss B. She looks like you, my dear Charlotte. We speak about you and she is truly a good woman.

Oh, how I miss sitting at your feet in

your favorite room with your dear bro-
thers and sisters playing around us!
Goodbye! Is Albert with you? And what
is he to you? May God forgive me for
asking the question.

February 17, 1772

I am afraid that I shall not continue to
work much longer for the ambassador. I
can really no longer stand him. He acts
so ridiculously that I often feel that I
have to contradict* him, and do things
my own way, and then, of course, he
thinks that I have done a very poor job.
He complained about me recently and
the minister scolded* me, gently, but it
was still a scolding. As a result, I was
about to submit my resignation papers,*
but I have decided to endure for just a bit
longer.

take shelter 몸을 피하다, 피신하다　**meaningless** 의미 없는　**contradict** 반
대하다, 부정하다　**scold** 질책하다, 비난하다　**resignation paper** 사직서

February 20, 1772

Ah Albert, I waited for the news of your wedding day; on that day, I had planned to solemnly* take down Charlotte's picture from the wall, and to bury it. You are now married, and her picture still remains here. Well, let it remain! Why should it not? I know that I am still one of your friends, that I still have a place somewhere in Charlotte's heart, that I hold the second place; and I intend to keep it. Oh, I should become insane* if she could forget me! Albert, that thought is hell! Farewell, Albert farewell!

March 15, 1772

I have just had a sad incident which will drive me away from here. I have lost all patience*!

The Count of C likes me greatly. It is well known, and I have mentioned this to you a hundred times. Yesterday, I ate

together with him at his mansion. Many
important people were there. As I hate
these arrogant* people, I had decided to
leave in order to avoid their silly talk. But
then the pleasant Miss B came in. I
stayed and talked to her, but she seemed
a little confused, and did not answer me
with her usual ease. I was confused by
her strange behavior. 'Can she, too, be
like the rest?' I felt annoyed, and was
about to leave, but I remained. More
important people arrived. Then, the
Count came up to me, and told me that
some people here were unhappy that I
was there. I quickly left and returned
home. But rumors soon spread* that I
was forced out of the Count's house and
people were talking about me.

The situation was painful for me. I

---

solemnly 엄숙하게, 진지하게 **insane** 미친; 정신이 나간 **patience** 인내, 참을성
arrogant 거만한 **spread** 퍼지다(spread-spread-spread)

imagined that every one who sat down, and even looked at me, was thinking of this incident; and my heart became bitter.

And now I could thrust* a dagger into my chest when I hear that people pity me or when I see the triumph of my enemies, who say that I deserve this treatment* because I am a vain person.

March 16, 1772

Everything is against me. I met Miss B, walking today.

"O Werther!" she said emotionally, "Last night my aunt strongly criticized you. I could not defend you."

Every word she uttered* was like a dagger to my heart. To hear all this, Wilhelm, greatly shocked and angered me. I am often tempted to slit* my wrists, in order to finally attain everlasting* freedom.

March 24, 1772

I have resigned from my position. It is necessary that I leave this place. I beg you to gently tell this news to my mother. Nothing you can say will make me change my mind. But I will tell you that I may work for the Prince* of ◯◯, who is here. He likes me very much, and having heard of my intention to resign, he has invited me to his country house,* to spend the spring months with him. I will spend my time with him.

May 5, 1772

I leave this place tomorrow, and as my native place is nearby, I intend to visit it once more and recall the happy dreams of my childhood. Farewell, my dear friend. I will tell you about my future career later.

---

thrust 쑤셔 넣다, 찌르다   **treatment** 취급, 대접   **utter** 말을 하다   **slit** 째다, 베어 가르다   **everlasting** 영원한   **Prince** 공작, 군주   **country house** 시골의 저택

May 9, 1772

I am currently living with the Prince at his hunting-lodge. He is a man with whom one can live happily. He is an honest man. There are, however, some strange people around him, whom I cannot understand. They do not seem to be very honest men.

Still, the Prince values* my talents, I am happy for now to stay with him.

June 11, 1772

Say what you will, I can remain here no longer. The Prince is as generous and kind to me as anyone could be, and yet I am not comfortable here. Indeed, we have nothing in common.* He is a man of understanding, but quite of the ordinary* kind. We do not have much to talk about. I will remain here a week more, and then start again on my travels.

July 16, 1772

Once more I am a wanderer,* a pilgrim,* through the world!

July 18, 1772

Where am I going? I will tell you in confidence. I wish to be near Charlotte again, that is all. I smile at the moods of my heart, and I obey* its commands.*

July 29, 1772

Ah, to imagine Charlotte as my wife! Oh, the very thought of holding that dearest of Heaven's creatures in my arms! Dear Wilhelm, my whole body feels such pain when I see Albert put his arms around her!

And shall I say it? Why shouldn't I, Wilhelm? She would have been happier

---

value 높이 평가하다: 가치   **have nothing in common** 공통점이 없다
ordinary 평범한   **wanderer** 나그네, 방랑자   **pilgrim** 순례자   **obey** 따르다, 복종
하다   **command** 요구사항

with me than him. Albert is not the man to satisfy the wishes of her heart. Their hearts do not beat in unison.* How often, my dear friend, when reading a passage from some interesting book, my heart and Charlotte's seemed to meet, and there have been a hundred other times that I felt we were made for each other! But, dear Wilhelm, Albert loves her with his whole soul, and doesn't that kind of love deserve* her?

August 21, 1772

My feelings are constantly changing. Sometimes a happy thought comes to me—but alas, it is only for a moment—and then I cannot help saying to myself, 'What if Albert were to die?—Yes, she would become mine!, and so I pursue* this fantasy, which leads me to the edge of a cliff.

September 3, 1772

I sometimes cannot understand how she can love another, how she dares love another, when I love nothing in this world so completely, so devotedly,* as I love her. I know only her, and have no other possessions.*

September 5, 1772

Charlotte had written a letter to her husband in the country, where he was on business. It started: "My dearest love, return as soon as possible; I ardently* wait for you with great love."

Charlotte's letter had accidentally come to me. I read it and smiled. She asked the reason for the smile.

I exclaimed, "I imagined for a moment that this was written to me." She paused, and seemed displeased. I was silent.

---

in unison 일치하여, 조화롭게 **deserve** ~를 받을 만하다 **pursue** 쫓다: 추구하
다 **devotedly** 헌신적으로 **possessions** 소유물 **ardently** 열정적으로, 몹시

September 6, 1772

I threw away the blue coat which I wore the first time I danced with Charlotte. I could not possibly wear it any longer. I have ordered a new one, but it does not feel the same to me.

September 12, 1772

She has been absent* for some days. She went to meet Albert. Later, I visited her. She rose to greet me, and I kissed her hand most tenderly.

She showed me her new pet canary. She kissed the bird and made it kiss me. She even fed the bird with her mouth. I turned my face away. She should not act like this. She should not excite my imagination with such displays of happiness, nor awaken my heart. And why not? Because she knows how much I love her.

September 15, 1772

It makes me wretched,* Wilhelm, to think that there should be men who are unable of appreciating the few things which possess real value in life. You remember the walnut trees* at S, under which I used to sit with Charlotte, during my visits to the worthy old vicar. The very sight of those glovious trees has so often filled my heart with joy. The schoolmaster informed us yesterday, with tears in his eyes, that those trees had been cut to the ground! I could, in my anger, have killed the monster who cut those lovely trees!

October 10, 1772

Just looking into her dark eyes is a source of happiness for me! And what grieves* me is that Albert does not seem

---

absent 보이지 않는; 자리에 없는 **wretched** 비참한, 초라한 **walnut tree** 호두 나무 **grieve** 슬프게 하다

so happy as he hoped to be; as I should have been.

October 19, 1772
Alas! The fearful emptiness which I feel in my heart! Sometimes I think, if I could only once press her to my heart, this dreadful void* would be filled.

October 26, 1772
Yes, Wilhelm, every day I feel more certain that the existence of any being is of very little consequence. A friend of Charlotte's came to see her just now. As I was reading, I heard them talking about the latest news and about people who were sick and dying. I could imagine those people struggling against death, with all the agony, pain, and horror—and these women, Wilhelm, talk indifferently* just about all this, just as if one would mention the death of a stranger. And if I

were to die, how long would my friends feel the pain of my loss? How long! Yes, such is the weakness of man, that even in the memory and in the heart of his beloved, he must perish* and vanish quickly.

October 27, 1772

I could tear open my heart when I think of how little we are able to influence the feelings of each other. Although my heart may be filled with love, nothing I do can make her love me.

October 27, 1772: Evening

I possess so much, but my love for her absorbs* it all. I possess so much, but without her I have nothing.

October 30, 1772

One hundred times have I almost

---

void 공허함, 허무   **indifferently** 무관심하게   **perish** 소멸하다, 사라지다
absorb 흡수하다, 빼앗아버리다

embraced* her. Heavens! What a torment* it is to see so much loveliness passing before us, and yet not dare to touch it! Touching each other is the most natural of human instincts.* Do not children touch everything they see?

November 3, 1772

How often I lie down in my bed with a wish, that I may never awaken* again. And in the morning, when I open my eyes, I look at the sun once more, and I am wretched.

November 8, 1772

Charlotte has tenderly* and kindly scolded me for my behavior. I have been drinking too much wine lately.

"Don't do it," she said. "Think of me!"

"Think of you!" I answered, "I do think of you; you are within my soul!"

She immediately changed the subject

to stop me from going any further.

My dear friend, my energy is completely gone; she can do with me what she pleases.

November 15, 1772

I thank you, Wilhelm, for your excellent advice, and I beg you to be quiet. Leave me alone in my sufferings. I pour out* my whole soul before you. What is the destiny* of man, but to suffer and to accept his share of bitterness*?

November 21, 1772

She does not know that she is preparing a poison* which will destroy us both, and I drink deeply from the cup that will destroy me. What do her looks of kindness mean when she hears my feelings

---

embrace 껴안다 torment 고통; 괴롭히다 instinct 본능 awaken 잠에서 깨어나다; 자각하다 tenderly 친절하게, 상냥하게 pour out 계속 쏟아내다 destiny 운명 bitterness 쓰라림 poison 독, 독약

for her? The look of pity on her face when she hears of my sufferings?

Yesterday, when I got ready to leave, she seized my hands, and said, "Good-bye, dear Werther."

Dear Werther! It was the first time she ever called me dear; the sound went deep into my heart. I have repeated it a hundred times, and last night, on going to bed, and talking to myself about various things. I suddenly said, "Good night, dear Werther!" and then could not help but laugh at myself.

November 22, 1772
I cannot pray, "Give her to me!" for she belongs to another.

November 24, 1772
She knows of my sufferings. This morning her look* pierced my very soul. I found her alone, and she was silent.

I was very moved by her expression: a look of the deepest sympathy and of the softest pity. Why was I afraid to throw myself at her feet? Why did I not dare to take her in my arms and answer her by a thousand kisses?

She went to her piano for relief, and in a low and sweet voice, began to sing and play. Her lips never appeared so lovely. I was overwhelmed with* emotion, and made this vow*: "Beautiful lips, I will never ruin* your purity with a kiss."

And yet, my friend, oh, I wish—but my heart is filled with doubt and indecision —I could taste happiness, and then die to redeem* my sin!

December 4, 1772

I can go on no longer. Today I was sitting by Charlotte. She was playing her

---

look 표정 **be overwhelmed with** ~에 압도 당하다 **make a vow** 맹세하다, 서약하다 **ruin** 파멸시키다; 못쓰게 만들다 **redeem** (죄를) 면하다, 사하다

piano so intensely! Her little sister was dressing her doll on my lap. The tears came into my eyes. I leaned down, and looked at her wedding ring; my tears fell. She then began to play her favorite melody. At first I felt comfort, but then, I remembered all the sorrows and the disappointments which I had been enduring. I paced hastily around the room; my heart was filled with painful emotions.

Finally, I said to her, "For Heaven's sake,* play no longer!"

She stopped, and looked at me. She then said with a smile, "Werther, you are ill. Go, I beg you, and try to calm yourself."

I left. God, you see my torments. Please end them!

December 6, 1772
How her image haunts me! Waking or

asleep, she fills my entire soul! As soon as I close my eyes, and her eyes appear before me.

---

for Heaven's sake 제발

The Editor
to the Reader

샤를로테에게 자신의 마음을 고백하지만
이룰 수 없는 사랑으로 인해 절망을 극복하지 못한 베르테르는
결국 스스로 목숨을 끊기로 결심하고
샤를로테에게 편지를 남긴 다음 샤를로테가 전해준 권총으로 자살한다.

It is with extreme regret that we lack original evidence of the last remarkable days of our friend; thus, we interrupt these letters and narrate* some facts to the reader.

I have felt it my duty to collect accurate

information. The story is simple.

Sorrow and dissatisfaction had filled Werther's soul, and gradually spread to his whole being. His peace of mind became completely disturbed; he soon changed into a gloomy* person, always unhappy and unjust* in his ideas, the more wretched he became. This was the opinion of Albert's friends:

Werther believed he had disturbed the happiness of Albert and his wife, and while he blamed himself strongly for this, he began to have a secret dislike* toward Albert.

One day he entered Charlotte's house, and observed that the people were in a state of unusual confusion. The eldest

---

narrate 설명하다 **gloomy** 침울한, 우울한 **unjust** 부당한 **dislike** 혐오, 싫어함

boy informed him that a dreadful misfortune* had occurred at Walheim—that a peasant had been murdered*! The criminal* was unknown; the victim had been found dead at his own door that morning. There were suspicions* that the murderer had worked for the widow, and was the person who had been dismissed from* her employment.

As soon as Werther heard this, he exclaimed with great excitement, "Is it possible! I must go to the spot; I cannot delay a moment!"

He quickly went to Walheim.

As he approached the inn, screams were suddenly heard. A group of armed peasants approached, crying out that the criminal had been caught. Werther looked and saw that the prisoner* was none other than the servant, who had been formerly* in love with the widow.

"What have you done, unfortunate man?" asked Werther.

The man said with perfect calmness, "No one will now marry her, and she will marry no one."

Werther was terribly shocked. He felt great pity for the prisoner and suddenly decided to save him. He considered his own unfortunate condition to be so similar to the prisoner's, that he energetically began to defend the prisoner at his trial.*

The judge, however, rejected Werther's arguments. Albert agreed with the judge's opinion. Werther became furious,* and left in great anger after the judge told him that the prisoner could not be saved.

Werther felt that Albert's comments to the judge in this matter contained a little bitterness* toward himself personally.*

---

misfortune 불행한 일; 불운   murder 살해하다   criminal 범인; 범죄의
suspicion 의심, 추측   be dismissed from 해고되다   prisoner 죄수
formerly 이전에; 옛날에   trial 재판, 법정   furious 분노한   bitterness 신랄함,
비꼼   personally 개인적으로

One fine evening in winter, when the weather seemed to be warming, Charlotte and Albert were returning home together. Charlotte looked from time to time around her, as if she missed Werther's company. Albert began to criticize Werther and asked Charlotte not to see him as often. Charlotte made no reply, and Albert never spoke of Werther again.

Werther's vain attempt to save the unhappy murderer was his last hope and when that failed, he sank into* a deep depression.*

He began to think of every misfortune of his past. He lost all energy and became completely inactive.*

He left a few letters behind which show his passion, doubts, struggles, and weariness* of life.

December 15, 1772

What is the matter with me, dear Wilhelm? I am afraid of myself! Is not my love for her of the purest, most holy, and most brotherly in nature? This night I held her in my arms and covered her lips with countless kisses. Is it sinful* to enjoy such happiness? Charlotte! Charlotte! I am lost! It would be better if I were gone.

Under the circumstances narrated above, Werther became determined* to leave this world. Since Charlotte's return, this thought had been the final object of all his hopes and wishes.

His troubles and internal struggles may be understood from the following fragment, which was the beginning of a

---

sink into ~에 빠지다; ~하게 되다(sink-sank-sunk) **depression** 좌절; 우울
inactive 활발하지 않은; 나태한 **weariness** 권태 **sinful** 죄악의 **determined**
단호한, 결심이 굳은

letter to Wilhelm.

December 20, 1772
I am grateful for your advice, Wilhelm, for having repeated your advice so reasonably.* Yes, you are right: It is undoubtedly better that I should depart.

Tell my mother to pray for her son, and tell her I beg her forgiveness for all the unhappiness I have caused her. It has always been my fate to hurt my loved ones. Farewell, my dearest friend.

We find it difficult to describe what Charlotte felt during this time. It is certain that she was determined, by every means* in her power, to avoid Werther, and if she hesitated in her decision, it was from a sincere* feeling of friendly pity.

The Sunday before Christmas, after

Werther came to Charlotte's house, and found her alone. She was busy preparing gifts for her brothers and sisters.

"Charlotte!" he exclaimed, "I will never see you any more!"

"Why?" she asked. "We must see each other again. Oh! Why were you born so emotional?"

Then, taking his hand, she said, "I beg of you to be more calm. Be a man, and do not love a woman like me who can do nothing but pity you."

She continued to hold his hand. "Do you not see that you are deceiving yourself, that you are seeking your own destruction? Why must you love me, me only, who belongs to another? I am very afraid that it is not the only possibility of possessing me, which makes your desire for me so strong. Is there not a woman in

---

reasonably 사리에 맞게, 이성적으로   **means** 수단, 방법   **sincere** 진실한, 거짓 없는

the whole world who can make you happy? Find a woman worthy of your love; then return, and let us enjoy together the most perfect* friendship."

Werther replied, "My dear Charlotte, let me stay a little longer and all will be well."

"However, Werther," she said, "do not come again before Christmas."

Werther returned home. On Monday morning, the 21st of December, he wrote to Charlotte the following letter, which was found on his desk after his death:

"It is all over, Charlotte. I am resolved to die! I make this declaration calmly on this morning of the day when I am to see you for the last time. Yes, Charlotte, one of us three must die; it shall be Werther. O beloved Charlotte! My heart, filled with rage, has even had the horrific thought of murdering your husband—you—myself! It is decided. I was calm when I began this letter, but your memory makes me weep like a child."

About ten in the morning, Werther called his servant, and told him that he would go on a journey.

After returning home about five o'clock, he then appears to have made the following addition* to the letter to Charlotte:

"You think I will obey you, and not visit you again until Christmas Eve. O Charlotte, today or never! On Christmas Eve you will hold this paper in your hand."

---

prefect 순수한, 완벽한 **addition** 추가, 덧붙임

In the meantime,* Charlotte was in a pitiable state of mind. After her last conversation with Werther, she felt pain that she would see him less and felt anguish at the thought of his absence.

Charlotte was sitting alone and thought deeply. She was forever devoted to her husband. On the other hand, Werther had become dear to her. From the first time they met, they felt a deep emotional bond.* She had shared every thought and feeling with him, and she could not bear the thought of his absence. She wished that she might change him into her brother—that she could make him marry one of her own friends. Yet, when she thought of each of her friends, she found no one suitable.*

Her own real but unexpressed wish was to have Werther for herself, and her pure heart felt wretched at the thought.

It was now half-past six o'clock, and she heard Werther coming up the stairs. She recognized his voice, as he asked if she were home.

She cried, "You have not kept your promise!"

"I promised nothing," he answered.

She tried to calm down, and sat down quietly at Werther's side, who had taken his usual place on the sofa.

She said, "There in my desk, you will find your own translation of some of the songs of Ossian.* Please read them for me."

He smiled, and with eyes full of tears, he began to read. The poem was filled with words of sadness and grief.

Tears fell from Charlotte's eyes. Werther threw down the book, seized her hand, and wept bitterly. She begged

in the meantime 한편; 그러는 사이에 bond 유대감, 결속 suitable 적당한, 적합한 Ossian 오시안(스코틀랜드의 시인)

Werther to leave her. Full of despair, Werther fell down at Charlotte's feet, seized her hands, and pressed them to his face. Feeling the deepest pity for him, Charlotte leaned in close, and touched her warm cheek to his. Werther embraced her with his arms and began to kiss her passionately.* Charlotte turned herself away.

"Werther! It is the last time, Werther! You shall never see me any more!"

Then looking tenderly at her unfortunate lover one last time, she rushed out of the room and locked the door.

Werther went to Charlotte's door and in a low voice said, "Charlotte, Charlotte!"

There was no answer. He stopped, and listened, but all was silent.

Finally, he left that house, crying, "Farewell, Charlotte, farewell forever!"

Werther ran home. The next morning his servant, bringing his coffee, found him writing. He was adding, to Charlotte, what we now include here:

"For the last time I open these eyes. Alas! They will see the sun no more. It is covered by a thick cloud. The last! Today I stand, but tomorrow, I shall lie in the cold ground. Forgive me, forgive me! Yesterday, ah, that day should have been the last of my life! You angel! For the first time in my life, I felt ecstasy* within my soul. She loves me!

I knew that I was dear to you; I saw it in your look, knew it when you held my hand, but when I saw Albert at your side, my doubts and fears returned.

She loves me! She is mine! Yes, Charlotte, you are mine forever!

---

passionately 열정적으로 **ecstasy** 황홀

And what do they mean when they say that Albert is your husband? He may be in this world, and in this world it is a sin to love you. Yes, it is a crime, and I suffer the punishment. But I have enjoyed the complete delight of my sin. From this hour you are mine; yes, Charlotte, you are mine! I will claim you, and remain yours forever!"

About eleven o'clock Werther asked his servant to send Albert the following note, unsealed*:

"Please lend me your pistols for a journey. Farewell."

Charlotte had slept little during the past night. How could she tell her husband? How could she confess* what had happened?

Several hours passed in this manner, and Charlotte's feelings became more and more sad.

Then, Werther's servant arrived. He gave Albert a note.

Albert read it and then coldly gave it to his wife, saying, "Give him the pistols. I wish him a pleasant journey."

Shocked, Charlotte slowly rose from her seat and took down the pistols with a trembling hand, slowly wiped the dust from them. She then delivered* the fatal* weapons* to the servant, without being able to say a word. Charlotte felt something terrible was going to happen. She wanted to say something to her husband, but she could not.

The servant brought the pistols to Werther, then sat down to write a letter as follows:

---

unsealed 봉인되지 않은 **confess** 고백하다; 털어놓다 **deliver** 배달하다, 전하다 **fatal** 운명의, 치명적인 **weapon** 무기

"These pistols have been in your hands. You wiped the dust from them. I kiss them a thousand times; you have touched them. It was my desire to die by your hands, and my wish is granted. I asked my servant for details. You trembled when you gave him the pistols, but you did not say goodbye to me. Wretched me; not one farewell! How could you shut your heart against me? You cannot hate the man who so passionately loves you!"

After dinner he continued his writing:

"Wilhelm, I have for the last time seen the mountains, the forests, and the sky. Farewell! And you, my dearest mother, forgive me! Take care of her, Wilhelm. God bless you! Farewell! We shall meet again, and be happier than ever."

"I have treated you badly, Albert, but you will forgive me. I have disturbed the peace of your home. Farewell! I will end all this wretchedness. And oh, may my death make you happy! Albert, Albert! Make that angel happy, and the blessing of Heaven* be upon you!"

He spent the rest of the evening in arranging* his papers. Here are his last words:

"Past eleven o'clock! All is silent around me, and my soul is calm. I thank you, O God, for giving me the strength and courage in these last moments.

The pistols are loaded; the clock strikes* twelve. I say amen. Charlotte, Charlotte! Farewell, farewell!"

A neighbor saw the flash, and heard the sound of the pistol, but since every-

---

blessing of Heaven 신의 가호; 하늘의 축복   **arrange** 정리하다, 배열하다
strike (시계나 종이) 치다

thing was quiet, he did not think anything bad had happened.

In the morning, at six o'clock, the servant went into Werther's room with a candle. He found his master on the floor, covered in his blood, and the pistols at his side. Yet, he was still alive. The servant ran for a doctor, and then went to find Albert. Charlotte heard the ringing of the bell: she felt a cold shudder.* She woke her husband, and they both rose. The servant, crying, told them the dreadful news. Charlotte fell unconscious at Albert's feet.

When the doctor came to the unfortunate Werther, he was still lying on the floor. The bullet had entered his skull,* above the right eye, but Werther was still breathing.

The house, the neighborhood, and the whole town were immediately in commotion.* Albert arrived. They laid Werther on the bed; his head was bandaged.* His arms and legs were still,* but he still breathed, although very weakly. Death would come at any moment.

I shall say nothing of Albert's distress, or of Charlotte's grief.

At twelve o'clock Werther breathed his last.* That night, at the hour of eleven, they buried the body in the place where Werther had selected for himself.

The judge and his sons followed the corpse* to the grave. Albert was unable to follow them. Charlotte's life was despaired of.* The body was carried by laborers. No priest* attended.*

---

shudder 몸서리, 전율 skull 두개골 commotion 소란, 혼동 bandage 붕대로 감다; 붕대 still 움직이지 않는; 여전히 breathe one's last 마지막 숨을 거두다 corpse 시체, 유해 One's life is despaired of. ~는 살아날 가망이 거의 없다 priest 사제, 성직자 attend 참석하다

전문 번역

1장 한적한 곳으로의 이사

p.12 *1771년 5월 4일*

내가 떠나올 수 있게 되어 얼마나 행복한지! 사랑하는 내 친구여, 인간의 마음이란 얼마나 이상한 것인가! 그토록 사랑했던 자네를 떠나왔는데도 이렇게 행복하다니! 그렇지만 자네가 나를 용서하리라는 것을 알고 있네. 사랑하는 친구여, 내가 더 좋아질 것이라고 자네에게 약속하겠네. 나는 마치 내 습관과 같았던 사소한 것들에 대한 걱정은 하지 않을 걸세. 그리고 현재를 즐길 걸세. 과거는 과거일 뿐이 아닌가. p.13 친구여, 우리가 과거의 슬픔을 되새기는 시간을 줄이고 그 대신 차분하게 현재를 참아낸다면 고통도 훨씬 줄어들 것이라고 한 자네의 말은 분명히 맞는 말이네.

능력이 닿는 한 내가 최선을 다해 어머니의 일을 처리하겠다는 말을 우리 어머니께 전해주면 고맙겠네. 더 이상은 쓸 수가 없네. 그저 모든 것이 잘될 거라고 안심을 시켜드리게.

사랑하는 친구여, 나는 여러 오해들과 무시가 증오와 사악함보다 세상에 더 많은 문제를 일으킨다고 생각하네. 증오와 사악함으로 인한 문제의 발생 빈도가 적은 것은 사실일세.

어쨌든 나는 아주 잘 지내고 있네. 이 천국 같은 곳의 고독이 내 마음을 달래주고 봄기운도 내 마음을 북돋워주고 있네. p.14 모든 나무와 숲에 꽃들이 가득하네.

도시 자체는 불쾌하지만 주위 곳곳에서 말로 표현하기 힘든 자연의 아름다움을 느낄 수 있네. 작고한 M 백작이 아름다운 계곡을 이루는 언덕들 중 한 곳에 정원을 하나 꾸민 걸세. 아주 소박한 정원이지. 나는 여름 별장에서 이제는 없는 그 주인에 대한 기억으로 눈물을 흘리기도 했지. 그러나 그 정원은 곧 내 것이 될 거야. 내가 그곳의 주인이 되는 거지.

1771년 5월 10일

내 영혼은 온통 놀라운 평화로 가득하네. 그것은 마치 온 마음으로 즐기는 달콤한 봄날 아침 같은 것이지. 나는 혼자 있지만 이곳에서 인생의 묘미를 느끼고 있네. 사랑하는 친구여, 나는 아주 행복하네. 이렇게 조용한 생활이 너무도 기쁜 나머지 내 재능도 썩혀두고 있지. 지금 당장은 그림을 그릴 수가 없네. 그렇지만 지금만큼 내가 더 훌륭한 화가였던 적은 없었다는 느낌이 드네. 땅에 그대로 누워 있을 때면 나는 신의 존재를 느끼지. **p.15** 내가 이런 생각들을 묘사하고 내 마음에 있는 모든 것들을 쓸 수만 있다면 그것들은 내 영혼이 무한한 신(神)의 거울이기라도 한 것처럼 내 영혼을 비춰줄 걸세! 그러나 친구여, 그건 내 힘으로는 너무 벅찬 일이지. 나는 이런 현상들의 장엄한 힘에 눌려버리고 만다네!

1771년 5월 12일

내 주위의 모든 것들이 천국처럼 보이네. 집 앞에는 샘이 하나 있지. 완만한 경사를 내려가면 아치가 있는데, 약 스무 발자국 정도 내려가는 곳에 있는 바위에서 물이 솟아나온다네. 위쪽의 좁은 벽, 주변을 둘러싸고 있는 큰 나무들, 그곳의 시원한 분위기, 이 모든 것들이 상쾌하면서도 웅대한 느낌을 주지. 나는 그곳에서 하루에 한 시간 씩은 보내고 있네. **p.16** 어린 처녀들이 물을 뜨기 위해 도시에서 오기도 하지. 내가 그곳에서 쉬는 동안, 옛 조상들의 삶에 대한 생각이 문득 떠올랐네. 나는 우리 선조들이 어떻게 샘터에서 서로 우정을 쌓았는지를 이해하게 되었지. 나는 어떻게 샘과 강줄기가 친절한 정령들의 보호를 받는지 느낄 수 있네. 길고 피곤한 여름 날을 보낸 뒤에 샘터에서의 시원한 휴식을 진정으로 즐겨보지 않은 사람은 이 기분을 알지 못할 걸세.

1771년 5월 13일

내게 책이 필요한지 물어봤는가? 사랑하는 친구여, 간절히 부탁하건대, 책을 보내지 말게! 나는 더 이상 책이 필요 없네. 내 마음은 그 자체로 즐겁네. 편안함을 원할 때면 나는 호머를 읽는다네. 나는 너무 불안정하고 불확실한 내 마음을 진정시키려고 하고 있네. 그렇지만 친구여, 자네도 내 기분이 갑작스럽게 변하는 것을 종종 봤지 않나. 슬펐다가 기쁘고 우울했다가 다시 격한 열정에 사로잡히는 걸 말일세. **p.17** 나는 내 가엾은 마음을 마치 아픈 아이라도 되는 양 다루고 있네. 마음이 원하는 대로 모두 하면서 말일세. 다시는 그 얘기는 하지 말아주게!

1771년 5월 15일

이 지역의 평범한 계층의 사람들은 이미 나를 알고 있네. 그들은 나를 좋아하지. 특히 아이들이 그렇다네. 특정 계급을 자랑하는 사람들은 서민들 과는 냉정하게 거리를 두려고 하지. 마치 자신들보다 낮은 계층의 사람들과 접촉을 하면 자신들의 자존심을 상실하게 되는 것이 두려운 것처럼 말일세.

나는 모든 인간이 동등하지는 않다는 것을 아주 잘 알고 있네. 그렇지만 서민들을 피하는 그런 사람은 패배가 두려워서 자신의 적으로부터 몸을 숨 기는 겁쟁이만큼이나 나쁘다는 생각이 드네.

p.18 며칠 전 그 샘터에 갔었을 때 어린 하녀를 봤네. 제일 아래 계단에 서 물동이를 내려 놓았더군. 내가 달려가서 그 하녀를 보며 이렇게 물었지.

"도와드릴까요, 아가씨?"

그녀의 얼굴이 많이 붉어졌지. "아, 어르신!" 그녀가 소리쳤어.

"그렇게 예절을 갖출 필요는 없어요." 내가 대답을 했지.

내가 도와주자 그녀는 고맙다는 말을 하고 계단 위로 올라갔지.

1771년 5월 17일

나는 온갖 부류의 사람들을 만나왔지만, 아직 친구라고 할 만한 사람들 은 만나지 못했네. 많은 사람들이 나를 좋아하네. 그러나 자네가 이곳 사람 들이 어떠냐고 내게 묻는다면 나는 이렇게 대답할 수밖에 없네. "다른 곳 사 람들과 똑같다."라고 말일세. 인간이라는 족속은 지루하다네.

그런데 이곳 사람들은 좋은 사람들일세. 나는 가끔씩 그들과 함께 즐거 운 시간을 보내기도 하는데, 가령 식탁에 음식을 가득 차려놓고 시간을 같 이 보낼 때도 있지. **p.19** 또는 산책이나 춤을 추기도 하고 다른 것들도 하 네. 이런 모든 일들이 내 성격에 좋은 영향을 주고 있네.

나는 한 지방 법원 판사와 알고 지내게 됐는데 그는 솔직한 사람일세. 그가 아홉 명이나 되는 아이들과 함께 있는 모습을 보는 것은 즐거운 일이 지. 특히 가장 큰 딸은 평판이 아주 좋았지. 그가 나를 몇 번 집에 초대했는 데 나는 기회가 나는 대로 그렇게 할 생각이야. 그는 고급스러운 수렵별장 에 살고 있었는데 부인이 죽고 나서 산 곳이라고 하더군.

1771년 5월 26일

도시 근처에 발하임이라는 곳이 있네. 마음씨 좋은 노파가 그곳에서 작은 여인숙을 운영하고 있지. 그 노파는 포도주와 맥주, 커피를 파는데 활기차고 유쾌한 성격이지. **p.20** 나는 그렇게 평화로운 곳은 거의 본 적이 없네. 그곳에서 나는 커피도 마시고 호머의 작품도 읽지.

어느 화창한 오후에 우연히 그곳에 들렀는데 아무도 없지 않겠나. 대략 네 살 정도 되어 보이는 어린 남자아이를 빼곤 모두들 밭으로 나간 거였지. 그 남자아이는 땅바닥에 앉아 있었는데 6개월 정도 된 아기를 안고 있었지. 남자아이가 두 팔로 남동생의 가슴을 살며시 누르고 있었네. 그래서 두 아이의 몸이 마치 안락의자처럼 보였네. 그 모습에 나는 감동했네. 나는 맞은 편에 앉아 다정한 형제의 모습을 아주 기쁜 마음으로 스케치했네. 약 한 시간이 뒤에 아주 흥미로운 그림을 완성했지.

1771년 5월 27일

자네에게 그 아이들에 대해서 얘기하는 것을 잊고 있었네. 어제 편지에서 짧게 얘기를 했지만 나는 작품 구상에 몰입한 채로 두 시간을 계속해서 앉아 있었네. **p.21** 저녁이 가까워지자 젊은 여자가 아이들을 향해 달려왔지. 두 아이는 그때까지 꼼짝도 하지 않고 있었다네.

여자가 말했지. "필립, 참 착하구나!"

그 여자는 나에게 인사를 했어. 나도 인사를 한 뒤 일어서서 그녀가 아이들의 엄마인지 물어봤지.

"그렇습니다." 그녀가 이렇게 대답을 했네. 그리고 형에게는 빵 한 조각을 주고 작은 아이는 팔에 안고 다정하게 입을 맞추었지.

그 여자와 얘기를 나누었는데 알고보니 그녀는 학교 선생의 딸이었네. 그녀는 친척이 물려준 돈 때문에 남편이 스위스로 떠났다는 얘기도 했네.

"사람들이 남편을 속이려 했어요." 그녀가 말했네. "그리고 남편의 편지에 답장도 하지 않았죠. 그래서 남편이 직접 그곳으로 간 거예요. **p.22** 별 탈 없이 남편이 그들을 만나야 할 텐데요. 남편이 떠난 뒤에 아무런 소식이 없거든요."

나는 두 아이에게 동전을 몇 개씩 주었고 그만 헤어졌네.

그 이후 그곳에 가끔 가곤 하지. 그래서 아이들은 나와 무척이나 친해졌어. 내가 커피를 마실 때 아이들은 설탕을 얻어가기도 하고 저녁에는 우유와 빵 그리고 버터 같은 것을 나눠 먹기도 하지. 두 아이들은 나랑 있는 것을 무척 편안하게 여겨서 나에게 모든 것을 말해준다네. 나는 특히 아이들의 단순한 행동들을 보는 것이 무척 즐겁다네.

1771년 5월 30일

사람들이 집 밖에 있는 나무 아래 모여 함께 커피를 마신 적이 있지. 그런데 나는 그곳에 모인 사람들과는 전혀 즐겁지가 않았네. 그래서 약간의 핑계를 대고 뒤에서 서성대기만 했지.

p.23 집 근처에서 한 농부가 나오더니 일을 하기 시작했어. 나는 그가 나타나자 기분이 좋아졌네. 그래서 그에게 말을 걸었어. 나는 그의 신상에 대해 물어봤고 곧 그의 사정에 대해 알게 되었지. 그는 젊은 미망인 밑에서 일을 하고 있다고 말하더군. 그는 여주인에 대해 아주 많은 말을 했는데 매우 장황하게 여주인을 칭찬했지. 그래서 나는 바로 그가 그 여자를 몹시 사랑하고 있다는 것을 눈치챌 수 있었네.

"여주인님은 젊지는 않아요." 그가 말했네. "그리고 전남편으로부터 너무 심한 대우를 받았기 때문에 다시는 결혼할 생각도 없어요."

나는 그 여인에 대해 경의를 표하는 그의 말들에 특히 감동을 받았지. 그 농부가 그 여인을 어떻게 묘사했는지는 설명하기 힘들 만큼 매력적이므로 상상에 맡겨두겠네. 나는 내 인생에서 단 한 번도 강한 헌신적 사랑과 열렬한 애정이 그렇게 순수하게 표현되는 것을 목격하거나 상상해 본 적이 없네. **p.24** 그 순수함과 진실함은 내 영혼에 깊은 감동을 남겼지. 그의 성실하고 다정한 모습은 어디를 가든지 나를 따라다녔지. 내 마음은 마치 불꽃처럼 빛나고 뜨겁게 타올랐지.

나는 가능한 빨리 그녀를 만나볼 생각이네. 그런데 한편으로는 그렇게 하지 않는 것이 더 좋을지도 모른다는 생각이 드네. 그냥 그녀를 사랑하는 그 농부의 눈을 통해서 그녀에 대해 상상하는 것이 더 좋을지도 모르겠네. 그녀는 나의 상상 속의 모습이 아닐지도 모르잖아. 왜 내가 그런 달콤한 상상을 파괴해야 된단 말인가?

2장 이룰 수 없는 사랑

p.25 *1771년 6월 16일*

"왜 편지를 쓰지 않는가?"라고 물었나? 간단히 말하자면 자네는 내가 내 마음을 빼앗은 누군가를 만나서 잘 지내고 있을 거라고 짐작했어야 했네.

p.26 세상에서 가장 아름다운 여인을 어떻게 만났는지 자네에게 얘기하는 것은 힘든 일이네. 나는 행복하고 만족스러워하고 있지만, 그걸 적어 내려가기에는 형편없이 부족한 역사가일 뿐일세.

천사라고 할까? 말도 안 되는 얘기일세! 모두가 자신이 사랑하는 사람을 그런 식으로 묘사하지. 그러나 나는 그녀가 얼마나 완벽한지, 또는 왜 그렇게 완벽한지에 대해 말하는 것이 불가능하다는 것을 알았네. 간단히 말해 그녀는 내 모든 감각을 사로잡고 말았네.

그녀는 이해심이 많으면서도 아주 순수하다네. 그리고 너무나 친절하면서도 매우 단호하고 또 마음은 차분하지만 삶에서는 적극적이네.

그러나 이 모든 것은 어줍잖은 말장난일 뿐이네! 단 한 번의 묘사로는 설명이 불가능하지. 언젠가는, 아니 언젠가가 아니지, 지금, 바로 지금 그녀에 대한 모든 것을 말해주겠네.

사랑스럽고 아름다운 아이들, 여덟이나 되는 형제자매들 틈에 있는 그녀의 모습을 보는 것은 정말 큰 기쁨일세! **p.27** 얼마 전 자네에게 내가 지방 법원 판사인 S와 알게 되었고 그가 자신의 은거지로 나를 초대했다는 얘기를 한 적이 있을 걸세. 우리 젊은 사람들 중 일부는 시골에서 무도회를 열자고 제안했었지. 나는 그 행사에 참가했다고 했지. 그날 밤 나는 유쾌하지만 다소 평범한 이웃 여자에게 무도회에 같이 가자고 요청했네. 내가 마차를 부르고 내 파트너와 파트너의 고모와 함께 샤를로테라는 여자를 방문해서 그들 모두를 무도회에 데려가는 것으로 합의를 봤지. 우리가 수렵별장으로 가는 동안 내 파트너가 아주 매력적인 처녀인 샤를로테를 만나게 될 거라고 내게 알려줬네.

"조심하셔야 합니다." 파트너의 고모가 이렇게 덧붙이더군. "마음을 뺏기지 않도록 말입니다."

p.28 "왜 그렇죠?" 내가 물었지.

"그 여자는 이미 아주 훌륭한 남자와 약혼을 했기 때문이죠." 그녀가 대답하더군. "그 약혼자는 부친이 작고한 뒤에 집안일을 정리하기 위해 지금은 떠나 있는데 상당한 유산을 물려받을 거예요."

나는 그런 정보에는 관심이 없었네.

우리가 대문 앞에 도착했을 때 해는 산 너머로 지고 있었고, 여자들은 폭풍이 닥칠지도 모른다면서 걱정했지. 시커먼 구름들이 지평선 위로 몰려들고 있었네.

우리는 샤를로테를 만나기로 한 집에 당도하여 마차에서 내렸네. 하녀한 명이 문 쪽으로 오더니 샤를로테 아가씨가 나올 때까지 잠시만 기다려달라고 했지. 나는 훌륭하게 지어진 집까지 걸어가서 문을 열었지. 그런데 내눈앞에는 이제까지 내가 봤던 가장 아름다운 모습이 연출되고 있었네. 두살부터 열한 살 사이의 여섯 명의 아이들이 복도를 뛰어다니고 있었는데 그들은 중간 키에 사랑스러운 모습의 한 여인을 에워싸고 있었지. **p.29** 그여인은 분홍색 리본으로 테를 두른 소박한 하얀 드레스를 입고 있었네. 손에는 빵을 들고 있었는데 주위에 몰려든 어린아이들에게 나눠주기 위해 빵을 자르고 있었네. 그녀는 우아하고 애정이 가득한 태도로 그 일을 했지. 모든 아이들이 손을 쭉 뻗고 자신의 차례를 기다렸네. 떠들썩하게 고맙다는 말을 외치면서 말일세.

어떤 아이들은 저녁을 먹기 위해 바로 달려갔지. 조금 더 차분해 보이는 다른 아이들은 마당으로 나가서 낯선 손님들을 보고 그들의 누이 샤를로테를 태우고 갈 마차를 보기도 했지.

"여기까지 오셔서 저를 무도회에 데려가는 수고를 끼쳐드리게 돼서 죄송해요. 그리고 숙녀분들을 기다리게 한 것도요. 아이들의 저녁을 잊고 있었지 뭐예요. 아이들은 제가 아닌 다른 사람이 저녁을 챙겨주는 것을 좋아하지 않거든요." 그녀가 말했어.

p.30 내 모든 영혼은 그녀의 태도와 목소리와 예의범절에 푹 빠져 들었네.

그곳을 떠나기 전에 그녀는 열한 살 쯤 되어 보이는 손아래 여동생인 소피에게 동생들을 잘 돌보라는 말과 함께 아버지가 돌아오시면 자신을 대신해서 인사를 좀 전해달라고 하더군. 그리고 동생들에게는 자신에게 했던 것처럼 소피의 말도 잘 들으라고 했지. 어떤 아이들은 그렇게 하겠다고 약속을 했지만, 여섯 살쯤 되어 보이는 여자아이는 시무룩한 표정을 짓더니 이렇게 말했네. "그렇지만 소피 언니는 샤를로테 언니가 아니잖아. 우리는 샤를로테 언니가 가장 좋아."

마차 안에서 파트너의 고모가 샤를로테에게 지난번에 보낸 책을 다 읽었는지 물었네.

p.31 "아뇨." 샤를로테가 대답했지. "그 책은 별로였어요. 다시 돌려드릴게요."

나는 그 책 제목에 대해 물었고 나는 그 책이 ○○○라는 것을 듣고 놀랐네.

그 젊은 여자가 말하는 모든 것에서 깊이와 개성이 느껴졌네. 그녀의 모든 표현들로 인해 그녀의 새로운 매력과 재능들이 드러나면서 그녀를 더욱 매력적으로 보이게끔 했는데 그러한 것들은 조금씩 나에게 전해졌지.

그녀가 말했네. "어렸을 때는 무엇보다 연애소설을 가장 좋아했어요. 조용한 곳에 앉아서 읽는 소설만큼 저를 기쁘게 해주는 것은 없었죠. 또 제 온 마음과 영혼이 소설 속의 허구적인 인물들의 기쁨이나 슬픔에 푹 빠져들었죠. 저는 그런 소설들이 여전히 매력적이라는 것은 부인하지 않아요. 그렇지만 요즘은 그런 것을 통 읽지 않아요. 대신 제 취향에 더 맞는 책들을 더 좋아하죠. **p.32** 제 자신이나 바로 가까이에 있는 친구들의 삶에서 벌어지는 상황들을 묘사하거나 감동을 주는 흥미로운 이야기와 마치 저의 평범한 생활과 비슷한 이야기를 쓰는 작가들의 책이 가장 좋아요. 완전한 천국은 아니지만, 그런대로 이것은 말로 설명할 수 없는 행복의 원천이니까요."

나는 내 감정을 숨기려고 했지만 거의 소용이 없었네. 그녀가 소설 〈웨이크필드의 시골 목사〉와 내가 언급하지 않은 다른 소설들에 대한 자신의 생각을 아주 진실하게 표현했을 때, 나는 더 이상 참지 못하고 그 소설에 대한 내 생각을 솔직하게 말했네. 샤를로테가 마차에 있던 다른 두 여자에게 말을 걸었을 때에야 나는 그 두 여자의 존재를 인식했는데 그들은 놀라서 조용히 앉아 있을 뿐이었네.

p.33 나에 대해 잘 알고 있는 자네는 내가 이 말을 하는 동안 얼마나 뚫어지게 그녀의 깊고 어두운 눈동자를 바라봤는지 상상할 수 있을 걸세. 그리고 나의 영혼이 그녀의 따스한 입술과 싱싱하고 빛나는 두 뺨에 얼마나 놀랐는지, 그리고 그녀가 한 말의 즐거운 의미에 정신을 빼앗기고 만 나머지 그녀가 말한 실제 이야기들을 거의 들을 수가 없었다는 것도 말일세. 짧게 말해, 나는 마치 꿈을 꾸는 사람처럼 그 마차에서 내렸고 그때 무도회장

에서 들리는 음악소리를 거의 들을 수 없을 정도로 정신을 빼앗기고 만 상
태였네.

내 파트너의 고모의 파트너와 샤를로테의 파트너가 마차 문 앞까지 나
와서 우리를 맞이했네. 그 두 남자는 여자들을 집안으로 데려갔고 나는 내
파트너와 함께 따라갔지.

우리는 미뉴엣을 추기 시작했네. 나는 차례대로 여자 파트너를 바꿔가
며 리드했네. 샤를로테와 그녀의 파트너는 영국춤을 추기 시작했는데, 자네
는 우리가 그들과 춤을 출 차례가 됐을 때 내가 얼마나 기뻐했는지 상상할
수 있을 걸세. p.34 자네도 샤를로테가 춤을 추는 것을 봐야만 하네. 그녀
는 온 마음과 영혼을 다 바쳐 춤을 추네. 그녀의 모습은 조화롭고 우아하고
품위가 있었는데 춤을 추는 동안에는 마치 다른 것은 전혀 인식하지 못하거
나 다른 생각이나 감정은 전혀 갖고 있지 않은 것처럼 느껴지지.

그녀는 두 번째 영국춤을 출 때는 다른 남자 파트너와 함께 췄네. 그녀
는 세 번째 춤에서는 나와 같이 춤을 추겠다는 약속을 했는데, 자신이 왈츠
를 아주 좋아한다는 말을 했네.

"파트너를 바꾸지 않고 그대로 왈츠를 같이 추는 것이 이곳 관습이에요.
그런데 제 파트너는 왈츠를 좋아하지 않아요. 그래서 그 사람과 춤을 추지
않는 것이 더 좋을 것 같아요. 영국춤을 추는 동안 지켜봤는데 선생님은 왈
츠를 아주 잘 추시는군요. 그래서 저와 왈츠를 출 의향이 있으시다면 제 파
트너에게 제안해 주세요. 그러면 제가 선생님의 파트너에게 부탁을 하겠
어요."

p.35 우리는 그러기로 했고 결국 우리의 파트너들도 서로 즐겁게 춤을
추게 되었네.

우리는 춤을 추기 시작했네. 처음에는 평범하지만 우아하게 팔을 움직
이면서 즐겁게 춤을 췄지. 그녀는 아주 우아하고 또 아주 쉽게 몸을 움직였
네! 나는 그렇게 가볍게 춤을 춰 본 적이 없었네. 너무나 사랑스러운 사람
을 내 팔에 안고서 마치 바람처럼 빠르게 날아다니다보니 내 자신이 언젠
가는 죽게 마련인 인간 그 이상의 존재처럼 느껴졌네. 다른 것들은 아무것
도 느낄 수가 없을 때까지 계속 그러했지. 빌헬름, 나는 그 순간 내가 사랑

했던 여자나 혹은 내가 아주 조금이라도 가깝게 느꼈던 여자들이 절대로 나 이외의 다른 남자들과는 왈츠를 추지 못하게 하겠다고 나 스스로 다짐했다네. 비록 그것 때문에 지옥으로 떨어진다 해도 말일세! 자네는 내 마음을 이해할 걸세.

우리는 춤을 추다가 숨을 고르기 위해 잠깐씩 휴게실에서 쉬곤 했네. **p.36** 샤를로테는 앉아 있었고 내가 얻어 온 오렌지들을 먹고 우리는 다시 기분이 좋아졌네. 그러나 샤를로테가 옆에 있는 사람들에게 정중하게 오렌지를 나누어줄 때, 나는 비수가 내 심장을 관통하는 것 같은 기분을 느꼈지.

우리는 세 번째 영국춤에서 두 번째 커플로 춤을 추었네. 그런데 어떤 여자가 미소를 띤 얼굴로 샤를로테를 바라보면서 춤을 추고 있는 우리 옆을 지나쳤네. 그 여자는 위협하려는 동작으로 자신의 손가락을 올린 채 아주 심각한 목소리로 "알베르트"라는 이름을 두 번이나 반복해서 말했네.

"알베르트가 누굽니까?" 내가 샤를로테에게 물었지.

"그래요, 제가 선생님께 숨길 이유는 없어요." 그녀가 말했네. "알베르트는 제 약혼자예요. 훌륭한 분이죠."

사실 처음 듣는 얘기가 아니었네. (무도회장으로 오는 도중에 다른 여자들이 말을 해주었으니 말일세.) 그러나 그렇게 짧은 시간에 갑작스럽게 그녀를 아주 높이 존중하게 된 나로서는 그녀와 관련된 그 사실을 완전히 잊고 있었다는 것을 깨닫고 놀라지 않을 수 없었네.

p.37 무도회가 끝나기 전에 갑자기 폭풍이 몰려왔네. 잠시 지평선 위에서 번쩍이던 번개가 더 격렬해졌고, 천둥소리가 음악 너머로 들려왔네. 여자들은 겁을 먹고 비명을 질렀네. 한 여자가 창가에 등을 돌린 채로 구석에 앉아 손가락으로 귀를 막았고, 또 다른 여자는 꿇어 앉아 무릎 사이에 얼굴을 묻었지. 그리고 세 번째 여자는 우는 여동생을 감싸 안았지. 그만 집으로 돌아가자고 주장하는 사람들도 있었네. 어떤 남자들은 담배를 피우기 위해 아래층으로 내려갔고, 나머지 사람들은 덧문과 커튼이 있는 다른 방으로 옮기자는 여주인의 제안에 반갑게 따랐네. **p.38** 사람들이 그 방에 도착하자 샤를로테가 의자들을 둥그렇게 놓았지. 그리고 사람들이 자리에 앉자 샤를로테가 어떤 놀이를 하자고 제안했지.

"숫자를 세는 놀이를 해요." 샤를로테가 말했네. "자, 주목해주세요. 제가 오른쪽에서 왼쪽으로 원을 돌 거예요. 각자가 차례대로 자신에게 해당되는 숫자를 세는 거예요. 빨리 세야 해요. 멈추거나 실수를 하는 사람은 귀를 한 대씩 맞게 되는데 천을 셀 때까지 놀이가 계속됩니다."

흥미로운 장면을 보니 나 역시 즐거워졌지. 그녀는 팔을 높이 들고 원을 돌았지. 첫 번째 사람이 "하나", 두 번째 사람이 "둘", 세 번째 사람이 "셋"이라고 말을 했지. 샤를로테가 점점 더 빠르게 원을 돌 때까지 그렇게 계속되었네. 한 사람이 실수를 하자 바로 귀를 한 대 얻어맞았네. 웃음이 이어지는 가운데, 또 다른 사람이 실수를 해서 그 사람 역시 별안간 귀를 맞았고 계속해서 놀이는 더 빨라졌지. **p.39** 나는 매우 기분이 좋아졌어. 일제히 웃고 소란스럽게 떠드는 통에 천까지 세기도 전에 그 놀이는 끝이 났지.

사람들은 끼리끼리 나뉘었고 폭풍도 그쳤지. 나는 샤를로테를 따라 무도회장으로 따라 들어갔네.

가는 동안 샤를로테가 말하더군. "놀이를 하니까 폭풍에 대한 사람들의 두려움이 없어졌어요." 나는 대답을 할 수가 없었다네. 그녀가 계속 말했지. "저 역시도 다른 사람들처럼 무서웠어요. 그렇지만 다른 사람들의 기분을 좋게 하려고 용기 있는 행동을 하니까 무서움을 잊게 되더군요."

우리는 창가로 갔지. 멀리서 아직도 천둥이 치고 있었고 약한 빗줄기가 들판에 쏟아지고 있었지. 샤를로테는 팔꿈치를 짚고 창가에 기대었네. 그녀의 눈은 바깥 풍경을 보고 있었지. 그녀가 하늘을 올려다보더니 내게 몸을 돌렸네. 그녀의 두 눈은 눈물에 젖어 있었네. 그녀는 내 손에 손을 올려놓더니 독일 시인의 이름을 말했지. **p.40** "클롭슈토크!" 그 즉시 나는 그녀가 생각하고 있는 의미심장한 송시(誦詩)를 떠올렸지. 내 기분의 무게 때문에 마음이 몹시 무거워졌네. 그것은 내가 견딜 수 없을 정도였지. 나는 몸을 구부려 그녀의 손에 달콤한 눈물을 흘리며 입을 맞추었네. 그리고 다시 그녀의 눈을 봤지.

1771년 6월 19일

내가 어디까지 이야기를 했는지 더 이상 기억이 나질 않는군. 내가 잠자리에 든 것이 새벽 두 시였다는 것만 알겠네.

무도회장에서 집으로 돌아오는 동안 해가 막 떠오르고 있었고 같이 탄 사람들은 잠이 들었지. 샤를로테는 내게 피곤하지 않은지 물었네. 나는 이렇게 대답했네. "당신이 눈을 뜨고 있는 것을 보는 한 내가 잠이 들 염려는 없습니다."

p.41 나는 그녀에게 다시 방문을 해도 되는지 물었네. 그녀는 허락을 해줬고 그녀의 집 앞에서 나는 그녀와 작별인사를 했네. 나는 그때가 낮이 었는지 밤이었는지조차 알 수가 없네. 세상은 나에게 아무런 의미가 없었지.

1771년 6월 21일

나는 인생의 가장 순수한 기쁨을 맛보고 있네! 나는 이제 완전히 안정을 찾았고 사랑하는 샤를로테가 내 가까이에 있네.

내가 발하임으로 갔을 때만 해도 천국이 그렇게 가까이에 있으리라고는 전혀 상상하지 못했다네. 이곳은 이제 내 마음의 모든 기쁨이 있는 그런 곳이 되었네!

1771년 6월 29일

그저께는 의사가 샤를로테의 동생들과 바닥에서 노는 내 모습을 봤네. 그래, 사랑하는 빌헬름, 이 세상에 어떤 것도 아이들만큼 내 마음을 감동시키는 것은 없네. **p.42** 아이들이 노는 모습을 보았을 때 나는 우리의 위대한 스승인 예수께서 남긴 금언을 떠올렸네. "천국으로 들어가려면 아이처럼 되라!"라는 말씀 말일세.

1771년 7월 1일

지난주에 샤를로테와 함께 작은 산촌인 S 마을의 목사의 집을 방문했네. 샤를로테는 목사의 딸에 대해 물었네. 바로 그때 목사의 딸이 정원에서 돌아왔는데 헤르 슈미트라는 사람과 같이 있었네. 그 집 딸은 샤를로테를 아주 반갑게 맞이했네. 그 집 딸의 연인인 슈미트 씨는 정중하고 말수가 적은 편이었는데 우리의 대화에는 끼지 않았네. 나는 그가 무뚝뚝한 사람처럼 느껴져서 아주 불편했지.

상대를 서로 깎아내리는 것처럼 나를 불편하게 하는 것은 없네. 저녁에 우리 대화의 주제가 세상사의 기쁨과 슬픔으로 바뀌었을 때 나는 언짢은 기분을 내색하는 사람들을 매섭게 비난하고 싶은 유혹을 물리칠 수가 없었지.

p.43 "인간에게는 불평을 하려는 경향이 있습니다." 내가 말했네. "그렇지만 우리는 그런 괴팍한 기질을 반드시 치료해야 할 병으로 간주해야 합니다."

슈미트 씨는 반대 의견을 나타냈지.

"당신은 우울한 기분을 죄악이라고 생각하는군요." 그가 말했네. "그렇지만 그건 지나친 표현 같은데요."

"전혀 그렇지 않습니다. 우울한 기분은 우리 자신의 내부에서, 그리고 우리의 허영심과 어리석은 자존심과 시기심 때문에 생기는 것입니다. 그래서 우리는 다른 사람들이 행복해 하는 것을 보면 참지 못하는 겁니다."

샤를로테는 웃으면서 나를 바라보았지. 그녀는 내가 말을 할 때 얼마나 감정적이었는지 알아챘네. 목사의 딸 프리데리케의 눈에 눈물이 고이는 것을 보고 나는 계속 말을 이어갔네. **p.44** 말을 할 때 내 마음은 벅차올랐고 내 눈에는 눈물이 가득 고였네. 나는 손수건을 꺼내 얼굴을 묻었지.

잠시 뒤에 샤를로테는 내가 그렇게 격앙된 것에 대해 부드럽게 꾸짖었고 앞으로는 감정을 자제하라고 했지. 그렇지 않으면 너무 큰 고통을 겪게 될 거라면서 말일세. 오, 나의 천사여! 그대를 위해서라면 기꺼이 그렇게 하겠소.

1771년 7월 6일
어제 나는 샤를로테와 함께 기분전환을 위해 샘터에 갔네. 그녀는 고통을 달래주고 하는 행동마다 커다란 행복을 만들어내는 밝고 아름다운 존재이네.

1771년 7월 8일
내가 얼마나 어린아이 같은지! 우리는 어젯밤에 몇몇 젊은 사람들과 같이 있었는데 모두들 웃고 농담을 주고받았지. 나는 샤를로테의 눈을 바라보았네. 그녀의 두 눈은 이 사람에게서 다른 사람에게로 차례로 옮겨 다녔지. 그러나 나에게는 시선을 주지 않았네. **p.45** 내가 오직 그녀만 바라보고 있었는데도 말일세! 나는 마음속으로 수없이 그녀에게 작별인사를 했지만 그녀는 그런 내 기분을 눈치채지도 못하더군!

마차가 출발하자 내 눈에는 눈물이 가득 맺혔지. 나는 고통스럽게 그녀가 떠나는 것을 지켜보았네. 그런데 순간 샤를로테의 모자가 마차 창밖으로 나오는 것이 보이더니 그녀가 뒤를 돌아보았네. 나를 보았던 것일까? 친구여, 나는 모르겠네. 어쩌면 그녀가 나를 보기 위해 몸을 돌렸던 건지도 모르네. 아마도 말일세! 내가 얼마나 어린아이 같은지!

1771년 7월 13일

그래, 나는 내 자신을 속이고 있는 것이 아닐세. 나는 그녀의 짙은 눈동자에서 나에 대한 순수한 관심을 간파할 수 있네. 그래, 나는 그것을 느끼고 있네. 내 마음이 내게 말해주는 것을 믿어도 될 것 같네. 감히 내가 이런 말을 해도 되는 것일까? 그건 바로 그녀가 나를 사랑한다는 것일세!

p.46 그녀가 나를 사랑하는 것이 사실일까? 나는 그녀의 마음 속에 나를 대신할 수 있는 사람이 있다는 것을 상상할 수 없네. 그러나 그녀는 아주 따스하고 사랑스럽게 자신의 약혼자에 대해 말을 하지. 그럴 때면 나는 훈장과 칼을 빼앗겨버린 병사가 된 기분일세.

1771년 7월 16일

우연히 내 손가락이 그녀의 손가락에 닿거나 내 발이 테이블 밑에서 그녀의 발에 닿을 때면 내 마음은 아주 빠르게 요동치네! 그러나 순진한 그녀의 마음은 그 상황이 얼마나 나를 고통스럽게 하는지 결코 모를 걸세. 가끔씩 우리가 가까이 앉아 얘기를 할 때 그녀가 자신의 손을 내 손에 올려놓는데 그때마다 나는 번개를 맞은 듯한 기분이 드네.

그녀는 나에게 신성한 존재이네. 그녀와 가까이에 있을 때 느끼는 내 감정을 표현할 길이 없네. 그녀는 나를 황홀하게 하네!

1771년 7월 18일

빌헬름, 사랑이 없다면 우리에게 세상은 어떤 곳일까? **p.47** 불빛이 없는 등은 어떤 의미일까? 오늘은 집에서 일을 해야 했기 때문에 샤를로테를 볼 수 없었다네. 나는 하인을 그녀의 집으로 보냈는데 그러면 적어도 오늘 샤를로테 가까이에 있었던 사람이라도 볼 수 있겠다는 생각 때문이었네. 나는 하인이 돌아올 때까지 참고 기다릴 수가 없었네! 하인을 돌아왔을 때 얼마나 기뻤는지! 나는 하마터면 그를 껴안고 입맞춤을 할 뻔 했네!

샤를로테의 두 눈동자가 내가 보낸 하인을 봤다는 그 사실만으로도 나는 너무 행복했네! 나를 비웃지 말게, 빌헬름. 그것이야말로 우리를 행복하게 해주는 환상이지 않은가?

1771년 7월 19일

"오늘은 그녀를 만날 수 있다!" 아침에 일어날 때 나는 기뻐서 이렇게 소리치네. 내게는 오직 그 한 가지 생각뿐이라네.

`p.48` 1771년 7월 24일

자네는 내 그림에 대해 물었지. 나는 예전보다는 행복하지 않다는 말을 해야겠네. 나는 자연에 대해서도 예전만큼 이해하지 못하고 있네. 내 자신이 무슨 생각을 하고 있는지 나도 모르겠네.

나는 세 번이나 샤를로테의 초상화를 그려보려고 했지만 매번 실패했네.

1771년 7월 26일

나는 종종 샤를로테를 너무 자주 만나지 말아야겠다고 결심을 하곤 하지. 그렇지만 과연 누가 그런 약속을 지킬 수 있단 말인가? 매일 그런 유혹에 빠질 때면 내일은 정말 그녀에게서 떨어져 있겠다고 굳게 약속을 하지. 그러나 그 내일이 오면 나는 그녀를 만나는 것에 대해 저항할 수 없는 이유를 찾아내지. 그리고 나도 모르는 사이 다시 그녀와 함께 있는 나를 보게 되지.

1771년 7월 30일

샤를로테의 약혼자 알베르트가 돌아왔네. 그는 아주 대단한 신사지. 다행히 나는 그들이 만나는 자리에는 없었네. `p.49` 그 자리에 있었다면 내 마음이 찢어졌을 걸세! 게다가 그는 상당히 사려가 깊은 사람이라네. 내가 있는 자리에서는 샤를로테에게 입맞춤도 하지 않더군. 나는 그가 그렇게 하지 않은 것에 대해 하늘에 감사했네! 그가 샤를로테를 대하는 태도 때문에 나 역시 분명 그를 좋아하게 될 걸세. 그는 나에 대해 경의를 표했는데 그것은 그가 나에 대해 애정을 갖고 있어서가 아니라 샤를로테가 나에 대해 말을 했기 때문이라는 생각이 들었지.

나는 알베르트에 대해 경의를 표하지 않을 수 없네. 그는 차분하고 감정이 매우 풍부했으며 자신의 훌륭한 결혼 상대에 대해 아주 잘 알고 있었네. 그는 자네도 알다시피 내가 가장 혐오하는 성격적인 결함인 불쾌한 감정을 드러내는 사람은 아니네.

샤를로테에 대한 나의 강력한 애정과 관심을 인식한 알베르트는 그녀에 대한 자신의 승리와 사랑을 더욱 굳건하게 하려 했네. p.50 나는 그가 가끔씩 약간의 질투심 때문에 샤를로테를 괴롭히는지 아닌지 물어보지는 않을 걸세. 내가 그의 입장에 있다면 나는 분명 질투에 사로잡혔을 테니 말일세.

그렇지만 샤를로테와의 기쁨도 끝이 났네. 알베르트가 오기 전에도 나는 물론 샤를로테의 약혼에 대해 모두 알고 있었네. 나는 그녀를 가진 척 할 수도 없었다는 것을 알고 있었지. 그러나 그녀의 약혼자가 돌아와서 나로부터 사랑을 빼앗아버렸을 때 놀라고 만 내 모습이 얼마나 어리석은지!

요즘 샤를로테를 찾아가면 알베르트와 샤를로테가 정원에 나란히 앉아 있는 걸 보게 되는데 난 그걸 견디지 못하고 바보처럼 행동하고 말지. 그가 샤를로테를 찾아 올 때면 나는 항상 멀리 떨어져 있네. 그녀가 혼자 있을 때 나는 행복하다네.

1771년 8월 8일

사랑하는 빌헬름, 자네는 내가 샤를로테를 얻기를 바라거나 혹은 그렇지 않은 거라고 말하겠지. p.51 내가 샤를로테를 원한다면 자네는 나의 불타는 욕망을 채워야 한다고 말하겠지. 그러나 그 반대라면 남자답게 나의 열정을 그만 잠재우라고 말을 하겠지. 친구여, 말은 쉽다네.

그러나 나를 나약하게 하는 어떤 병 때문에 너무 힘들어서 치료할 힘마저 없다면 어떻게 하겠는가?

그래! 빌헬름, 내가 그것들을 떨쳐버릴 수 있을 것 같은 기분이 드는 순간들도 있었네. 그리고 내가 어디로 가야하는지만 알게 된다면 이곳을 떠나 멀리 날아가 버릴 수 있을 것 같은 기분이 드는 순간들도 있었네.

1771년 8월 10일

내가 바보가 아니라면 나는 이곳에서 가장 행복하고 즐거운 시간을 보낼 수 있을 걸세. 이 가장 사랑스러운 가족의 일부가 되어 아들로서 아버지의 사랑을 받고 아버지로서 아이들의 사랑을 받고, 또 샤를로테에게 사랑을 받는다면! **p.52** 고상한 알베르트는 한 번도 불쾌한 감정으로 나의 행복을 방해하지 않고 진심에서 우러나오는 애정으로 나를 대하고, 샤를로테를 제외하면 이 세상 그 누구보다 더 나를 사랑하지! 빌헬름, 자네는 알베르트와 내가 샤를로테에 대해 얘기를 나누는 것을 듣는다면 기뻐할 걸세. 이 세상에 그 무엇도 우리의 친밀한 관계보다 더 부조리한 것은 없네. 그러나 그 관계를 생각하면 종종 눈물이 흐른다네.

알베르트는 이곳에 머물러 있네. 그는 정부로부터 임명을 받았는데 상당한 수입이 뒤따르는 자리지.

1771년 8월 12일

확실히 알베르트는 이 세상에서 가장 좋은 사람이라네. 나는 어제 그와 좀 이상한 언쟁을 벌였네.

그의 방으로 걸어가고 있을 때 나는 우연히 그의 권총을 보게 됐지.

p.53 "이 총 좀 빌려주시지요." 내가 말했지. "여행갈 때 가져갔으면 합니다."

"그렇게 하세요." 그가 대답했네. "대신 총알을 장전해야 합니다. 그 총은 그저 장식으로 걸려 있을 뿐이니까요."

그는 그의 하인이 겪은 끔찍한 사고를 설명해 주었는데, 그 이후 항상 총알을 장전시켜 두지 않았고 총을 사용하지 않는다고 했네.

"그렇지만 주의를 한다는 것이 쓸모가 있을까요? 우리는 일어날 수 있는 모든 위험에 대해서는 절대 스스로를 지킬 수가 없는데 말입니다."

알베르트가 그 주제에 대해 심각하게 얘기를 하는 동안 나는 그의 말을 듣지 않고 어떤 무아지경에 빠져들었네. 갑자기 나는 권총을 내 이마에 겨냥했지.

p.54 "도대체 무슨 짓입니까?" 알베르트가 소리를 질렀지. "총알이 안 들어있는 겁니다." 내가 말했네.

"그렇기는 해도 말입니다." 그가 초조한 듯 말했네. "나는 인간이 스스로 목숨을 끊을 정도로 미칠 수 있다는 것을 이해할 수 없습니다. 그런 생각은 정말 끔찍해요!"

"그렇지만 감히 누가 그 행동이 어리석은지 아니면 현명한지 또는 선한지 악한지를 판단할 수 있죠? 당신이 인간의 행동들의 비밀스러운 이유들에 대해 신중하게 연구라도 했다는 말인가요? 가끔씩 불가피한 행동을 하게 되는 이유가 있다는 것을 이해합니까?" 내가 대꾸를 했지.

"당신은 그 이유나 동기가 무엇이든 간에 그런 행동이 범죄라는 것을 인정하게 될 겁니다." 알베르트가 말했네.

"그렇지만, 이보세요." 나는 계속해서 말했지. "언제나 예외라는 것이 있게 마련입니다. 절도는 범죄입니다. 그러나 너무나 가난해서 굶주리는 가족들을 위해 절도를 하는 사람이 있다면 그는 연민의 대상입니까? 아니면 처벌의 대상입니까? 그것을 어떻게 판단할 수 있죠? 당신같이 도덕적인 사람들은 너무 판단을 하려 듭니다! **p.55** 당신은 술에 취한 사람들이나 사치스러운 사람들을 경멸하죠. 그리고 당신이 그런 부류가 아니라는 것을 자랑스러워하죠. 당신네 똑똑한 사람들은 부끄러운 줄 알아야 합니다!"

알베르트가 대답했네. "당신은 늘 과장을 합니다. 이 문제에 대해서도 당신은 분명 잘못 생각하고 있어요. 우리가 자살에 대해 말할 때 당신은 그 행동을 훌륭한 행동들과 비교를 했습니다. 그러나 자살은 나약함보다 더 나을 것이 없는 겁니다. 용기를 가지고 비참한 인생을 견뎌내는 것보다 죽어버리는 것이 훨씬 더 쉽죠."

내가 대답을 했네. "당신은 자살을 나약한 행동이라고 하는군요. 그렇지만 그게 과연 정말로 나약한 행동일까요?"

나는 계속을 말을 했네. "인간의 본성에는 한계가 있습니다. 기쁨이나 슬픔 그리고 고통도 어느 정도까지는 견뎌낼 수 있죠. 그러나 그 한계의 정도를 넘어서는 순간 바로 인간의 한계는 파괴됩니다. 그래서 이 질문은 인간이 강인한가 나약한가의 문제가 아니라 인간이 극한의 고통을 견뎌낼 수 있는가에 대한 것입니다. **p.56** 내가 보기엔 스스로를 파괴하는 사람을 겁쟁이라고 부르는 것은 끔찍하고 치료할 수 없는 열병으로 죽은 사람을 겁쟁이라고 부르는 것과 같다는 생각이 듭니다."

나는 물에 빠진 한 여자의 이야기를 해주었네. "연인에게 버림받은 뒤에 그 여자는 이 세상에서 아무런 희망도 찾을 수가 없었습니다. 고통으로 가득찬 그녀는 절벽 아래로 몸을 던져 바다에 빠졌죠. 그녀는 갈기갈기 찢겨진 마음으로 좌절감을 느꼈고 세상으로부터 버림받은 기분이었습니다. 고통은 그녀의 영혼을 괴롭혔고 그래서 바다에 몸을 던져서 그 고통을 끝낸 것이죠. 알베르트, 이것이 과연 육체적인 질병에서 오는 고통과 같지 않다고 할 수 있을까요? 인간의 본성은 빠져나갈 방법이 없습니다. 그녀의 힘은 다 소진되고 만 것이죠. 그래서 그 불쌍한 영혼은 죽어야만 했던 것입니다.

그녀를 비난하는 사람은 부끄러운 줄 알아야 합니다. 그것은 열병으로 병들어 죽은 사람을 바보라고 하는 것과 같습니다."

p.57 알베르트는 여전히 이해할 수 없다는 표정이었네.

"이보시오, 알베르트!" 내가 큰소리로 말했네. "인간은 그저 인간일 뿐입니다. 아무리 이성이 강하다 해도 마음속에 어떤 격한 감정이 있으면 소용이 없습니다."

아! 그때 내 마음은 감정으로 격해 있었지. 그래서 우리는 해결점을 찾거나 상대방을 이해하지 못한 채 헤어졌네. 이 세상에서 인간이 서로를 이해한다는 것은 얼마나 드문 일인지!

1771년 8월 18일

왜 우리가 느끼는 행복의 이유가 비참함의 이유로 변해야만 하는 것일까? 자연에 대한 사랑으로 내 마음을 기쁘게 했던 감정들은 이제 나를 끊임없이 괴롭히는 마귀가 되어 고통을 주고 있네. 나는 자연의 웅장함에서 그런 위안을 찾곤 했었지. 산들바람, 벌레들, 태양 그리고 나무들에서 말일세! **p.58** 이런 것들을 통해 나는 모든 것들을 완성해내는 영구불변한 조물주의 아름다움을 보았지.

사랑하는 친구여, 지난 시간들에 대한 기억은 여전히 나를 위로해주고 있네. 그러나 이번만은 현재 내가 느끼는 고통의 강도를 배가시킬 뿐이네.

내 눈앞에 커튼이 드리워져 있는 것처럼 영원한 삶에 대한 전망 대신에 무덤의 나라가 내 앞에 펼쳐졌네. 자연은 혼돈스러운 것이 되었지. 세상에 대재앙이 발생해서 홍수가 마을 전체를 휩쓸고 또한 지진이 마을들을 삼켜버렸네. 내 마음은 자연 곳곳에 숨어 있는 파괴력에 떨고 있네. 자연은 스스로를 파괴하지 않는 것은 그 어떤 것도 창조하지 않았지. 나에게 이 우주는 자신의 아이들을 영원히 삼켜버리는 무서운 괴물이라네.

p.59 *1771년 8월 21일*

나는 아침에 일어나면 그녀를 향해 헛되이 팔을 뻗지. 밤에 침대에 누워서도 헛되이 그녀를 찾지. 아무런 위안도 얻지 못한 채 나의 미래에 대해 한탄을 한다네.

1771년 8월 22일

빌헬름, 이 얼마나 불운한 일인가! 내 마음은 너무나 큰 절망에서 빠져서 난 일을 할 수가 없네. 나는 생각도 할 수 없네. 나는 더 이상 자연의 아름다움에 대한 감정을 느낄 수도 없고 책 역시 나에게는 불쾌한 것이 되고 말았지. 사람은 일단 자포자기를 하면 완전히 무너져 버리고 마네.

알베르트가 서류더미 틈에서 일하는 것을 볼 때면 나는 종종 그를 부러워하곤 하지. 그리고 내가 그의 입장에 있다면 행복할 거라는 상상도 하지. **p.60** 그래서 나는 공사관에서 일하게 해 달라고 장관에게 편지를 썼지. 그 일자리를 얻을 수 있을 것으로 생각하고 있네. 장관은 항상 나를 좋게 봐주었고, 종종 나에게 일자리를 찾도록 권고하셨지.

1771년 8월 28일

오늘은 내 생일일세. 아침 일찍 알베르트에게서 소포를 받았네. 그것을 열어보니 분홍색 리본이 하나 들어있었는데 그것은 내가 샤를로테를 처음 만난 날 그녀가 입었던 드레스에 달려 있었던 것일세. 나는 그녀에게 몇 차례나 그 리본을 달라고 부탁했었지. 나는 몇 번이고 그 리본에 입을 맞추었네. 숨을 쉴 때마다 기쁨으로 충만했던 행복한 시절이 떠올랐네. 빌헬름, 이것이 내 운명이네.

1771년 8월 30일

나는 너무나 불행하다네! 왜 나는 이렇게 어리석은 짓을 하는 것일까? 격렬하고 목적도 없고 끝도 없는 이 열정은 도대체 무엇을 위한 것인가? **p.61** 나는 샤를로테를 위한 기도 말고는 이제 어떤 기도도 할 수가 없네.

내 상상 속에 보이는 건 오직 그녀뿐이네. 빌헬름, 그녀와 몇 시간을 같이 보내게 되면 나는 그녀의 아름다움, 우아함 그리고 생각들에 완전히 빠져들게 된다네. 내 요동치는 마음은 안정이 필요하다네. 나는 가끔 내가 정말 존재하는 건지도 인식하지 못할 때가 있네. 가끔 피곤함과 갈증에 허덕이며 땅에 몸을 쭉 뻗고 눕곤 하지. 그리고 밤늦게 달이 내 위에서 빛날 때면 나는 숲에 있는 늙은 나무에 몸을 기대어 내 지치고 피곤한 몸을 쉬게 하면서 동이 틀 때까지 잠을 자기도 하네. 빌헬름! 잘 있게! 나는 이 비참함을 끝내는 길이 무덤밖에 없다고 생각하네.

1771년 9월 10일

오, 정말 견디기 힘든 밤이었네, 빌헬름! 나는 다시는 그녀를 만나지 않을 걸세. 그녀는 조용히 잠이 들어 있었네. 내가 그녀를 보는 것이 마지막이라는 것도 모른 채 **p.62** 나는 그녀에게 떠난다는 말은 하지 않았네.

나는 정원 테라스에서 알베르트와 샤를로테를 보았네. 나는 그들에게 달려갔지. 그녀의 손을 잡고 키스를 할 때 몸이 떨리더군. 테라스 꼭대기에 도착했을 때 달이 언덕 뒤에서 떠오르고 있었네. 우리는 앉아서 이야기를 나누었는데 나는 아주 불안하고 예민한 상태여서 가만히 있을 수가 없었네. 나는 일어서서 그녀 앞에 서 있다가 앞뒤로 왔다갔다하다가 다시 앉았지. 나는 안절부절 못하고 또 비참한 기분이었네. 샤를로테가 아름다운 달빛을 가리켰네. 멋진 광경이었지.

그때 샤를로테가 말했네. "달빛 아래에서 걸을 때면 지금은 세상을 떠난 사랑했던 모든 친구들이 떠올라요. 그러면 온통 죽음과 사후의 생에 대한 생각만을 하게 되죠. 우리는 다시 살아날 거예요, 베르테르 씨!" 그녀가 계속해서 말했지. "그렇지만 다시 살아나면 서로를 알아볼 수 있을까요? 어떻게 생각하세요?"

p.63 "샤를로테," 나는 그녀의 손을 잡고 눈물이 가득한 채로 말을 했지. "우리는 다시 보게 될 거요. 죽은 뒤에도 다시 만나게 될 겁니다." 나는 더 이상 말을 할 수가 없었지.

빌헬름, 왜 그녀는 나에게 그런 질문을 한 것일까? 내 마음이 우리의 잔인한 이별에 대한 생각으로 가득 차 있던 바로 그 순간에 말일세.

샤를로테가 물었지. "죽은 사람들은 지금 살아 있는 우리가 건강하고 행복하다는 것을 알고 있을까요? 그들은 우리가 애정을 갖고 그들에 대한 추억들을 떠올린다는 것을 알고 있을까요?"

나는 그녀의 발치에 몸을 던지고 그녀의 손을 세게 잡았지.

"샤를로테!" 나는 눈물을 글썽이며 소리쳤어. "당신에게 신의 가호와 어머니의 영혼이 함께 하기를." "오! 당신이 제 어머니를 알았다면 좋았을 텐데요." 그녀가 말했네. "하지만 어머니는 한창 젊을 때 돌아가시고 말았어요. 가장 어린 동생이 생후 6개월도 안 되었을 때였죠. **p.64** 어머니는 돌아가시기 전에 제게 '동생들에게 엄마가 되어 주어라'라고 말씀하셨죠."

그녀는 다음과 같은 말을 했네. "신이시여, 우리는 이 세상에서 소중한 모든 것들과 정녕 이별을 해야만 하는 건가요?"

샤를로테는 자리에서 일어났네. 그리고 내게 손을 빼려고 했지. 그러나 나는 그 손을 계속 잡고 있었어.

"다시 만날 수 있을 겁니다." 내가 큰 소리로 말했지. "우리가 어떤 모습을 하고 있어도 서로를 알아볼 수 있을 겁니다. 잘 가시오, 샤를로테. 잘 가시오, 알베르트. 우리는 다시 보게 될 겁니다."

"네, 내일 볼 수 있을 거예요." 샤를로테가 웃으면서 말했네.

내일! 그 말이 얼마나 나를 아프게 하던지! 알베르트와 샤를로테는 길을 따라 내려갔네. 나는 달빛 아래에서 두 사람을 뚫어지게 바라보며 서 있었지. 그리고 땅에 몸을 던지고는 울고 말았네. 그러다 나는 벌떡 일어서서 나무 그림자 아래로 샤를로테의 하얀 드레스가 정원의 문 근처에서 사라지는 것을 보았네. **p.65** 나는 팔을 뻗어보았지만 그녀는 사라지고 말았네.

1771년 10월 20일

어제 새로운 직장이 있는 이곳에 도착했네. 내가 왔을 때 공사(公使)는 자리에 없었는데 그 순간 하늘이 나에게 혹독한 시련에 들게 했다는 것을 이미 알 수 있었지. 나보다 능력이 없는 사람들이 내 앞에서 잘난 척 하며 자기만족에 겨워 으스대는 동안 나는 내 재능과 능력에 대해 절망감을 느껴야만 하는 것인가?

그렇지만 참아내야 하겠지! 모든 것이 잘될 걸세. 우리는 종종 자신을 다른 사람들과 비교하는 경향이 있고 우리의 행복과 비참함은 주변의 사물들과 사람들에 의해 좌우되는 경우가 있으니까 말일세. 그러나 열심히 일을 한다면 상황은 기대했던 것보다 더 좋아질 걸세.

p.66 *1771년 11월 26일*
이곳에서 일하는 동안 주어진 상황 하에서 잘 지낼 수 있는 방법을 찾기 시작했네. 바쁘게 지내는 것이 훨씬 좋다는 것을 알게 된 거지. 내가 만나는 많은 사람들은 정말 흥미로운 사람들일세. 나는 C 백작을 알게 되었는데 볼 수록 점점 더 존경하게 되는 그런 사람이네. 그는 이해력도 좋고 식견 또한 높은 사람일세. 내 마음과 통하는 훌륭한 사람을 만난다는 것은 가장 좋고 참된 기쁨일 걸세.

1771년 12월 24일
내가 예상했던 대로 공사는 나를 많이 힘들게 하네. 그는 이 세상에서 가장 우스꽝스럽고 신중한 바보일 걸세. 그는 매사에 너무 까다롭게 구는데 마치 노파가 어리석게 사소한 것을 하나하나 따지는 것과 같다네. 또한 스스로 만족한 적이 없는 사람이기 때문에 내가 그를 만족시키는 것 역시 불가능하다네. 나는 규칙적으로 그리고 즐겁게 일을 하고 싶지만, 그는 계속 내가 보낸 서류를 돌려보내지. 다시 한번 그 서류들을 검토하기를 권유하면서 말일세. **p.67** 그러면 나는 자제력을 잃고 말지. 그런 사람과 같이 일을 한다는 것은 끔찍한 일일세.

C 백작과 알게 된 것이 공사처럼 아주 불쾌한 사람과 일해야 하는 것에 대한 유일한 위안일세. 백작은 얼마 전에 자신은 공사와 함께 일하는 것이 힘들고 또 그가 늑장을 부린다고 솔직하게 털어놨지.

공사는 백작이 나를 좋아한다는 것을 알고 있네. 그 점이 그의 기분을 상하게 했는데, 그는 내 앞에서 백작을 비난할 기회만을 잡으려고 하지. 당연히 나는 백작을 옹호하는데 그것이 또 상황을 악화시킬 뿐이라네. 우리는 백작에 대해 가벼운 논쟁을 벌였지.

p.68 비참하고 권태롭네! 인간은 사회라는 곳에서 반드시 어리석은 사람들을 만날 수밖에 없는 운명이지. 계급에 대한 야심은 또 어떤가! 사람

들은 지위를 얻기 위해 얼마나 열심인지!

매일 나는 다른 사람들을 판단하는 어리석은 사람들을 더 많이 목격하고 있네. 그 중 가장 나를 화나게 하는 것은 사람들이 신분차별에 대해 신경을 쓴다는 것일세.

최근에 나는 아주 활발한 성격의 B 양을 알게 되었네. 처음 대화에서부터 우리는 즐거웠네. 나는 그녀에게 다시 방문해도 되는지 물어봤네. 그러자 그녀는 아주 정중하게 허락을 해주었네. 나는 그녀를 다시 만날 수 있기를 몹시 기다렸지. 그녀는 이곳 출신이 아니라서 아주머니와 같이 살고 있네. 아주머니는 과부인데 정말 친절하지 않은 사람일세. 그 여자는 오직 자기 가족의 신분과 조상의 혈통에 대해서만 신경을 쓰지. 그리고 노년을 혼자 보내면서 사랑스러운 조카딸을 찾아오는 사람을 제외하고는 어떤 방문객도 받지 않고 있네.

p.69 *1772년 1월 8일*
테이블에서 더 높은 자리에 앉기 위해 자신의 지위를 높여가는 것에만 신경 쓰는 사람들이란 얼마나 어리석은지! 그런 사람들은 그런 사소한 것들 때문에 더 중요한 일들을 소홀히 함으로써 스스로 많은 곤경에 처하지. 어리석은 사람들은 그런 자리가 진정으로 훌륭해지는 데 필요한 자리가 아니라는 것을 깨닫지 못하네. 가장 높은 자리를 차지한 사람이 일반적으로 중요한 역할을 하지 않는 것을 봐도 알 수 있지. 얼마나 많은 왕들이 실제로는 자신들이 뽑은 신하들의 통제 하에 있으며, 또 그 신하들은 자신들의 비서관의 통제 하에 있는 경우가 얼마나 많은가? 그런 경우 정말로 가장 높은 사람은 누구란 말인가?

p.70 *1772년 1월 20일*
사랑하는 샤를로테, 나는 사나운 폭풍 때문에 몸을 피해 이곳 시골 여관의 작은 방에서 당신에게 편지를 씁니다. 내가 가장 먼저 생각하는 사람은 바로 당신입니다. 샤를로테, 추억들이 떠오릅니다! 자비로운 하느님! 우리가 처음 만났던 행복한 순간으로 돌아가게 해주십시오.

샤를로테, 당신이 내가 얼마나 비참해졌는지 볼 수 있다면! 나는 행복한 어떤 순간도 즐길 수 없습니다. 모든 것이 의미가 없고 모든 것이 허무합니다. 내가 아침에 왜 일어나고 밤에는 왜 잠자리에 드는지 그 이유조차 모르고 있습니다.

나는 B 양을 알게 됐는데 그녀는 내 관심을 끄는 유일한 사람입니다. 사랑하는 샤를로테, 그녀는 당신과 닮았습니다. 우리는 당신에 대해 얘기를 나누었는데 그녀는 정말 좋은 여자입니다.

오, 당신이 가장 좋아하는 방에서 당신 발치에 앉아 있던 것이 얼마나 그리운지! 그때 당신의 사랑스러운 동생들은 우리 주위에서 놀고 있었지요! **p.71** 이제 그만 안녕! 지금 당신은 알베르트와 같이 있는 건가요? 그는 당신에게 어떤 사람입니까? 이런 질문을 하는 것을 신께서 용서해주시길.

1772년 2월 17일
더 이상은 공사 밑에서 일을 할 수 없을 것 같네. 나는 더 이상은 그를 참아낼 수가 없어. 그는 너무 터무니없는 행동을 해서 종종 내가 그에 대해 반대하거나 나만의 방식으로 일을 해야 하는 경우가 있지. 물론 그는 내가 너무 형편없이 일을 했다고 생각하지. 그가 최근에 나에 대한 불만을 보고했고 나는 장관으로부터 질책을 들었네. 가벼운 질책이기는 했지만 어쨌든 질책은 질책이었지. 그래서 나는 당장 사직서를 내려고 했지. 그러나 조금만 더 참아보기로 마음을 굳혔네.

p.72 *1772년 2월 20일*
알베르트, 나는 두 사람의 결혼 소식을 기다렸소. 그날 나는 벽에 걸린 샤를로테의 그림을 떼어내서 묻어버릴 생각이었소. 이제 두 사람이 결혼을 했지만, 샤를로테의 그림은 아직도 그대로 있소. 앞으로도 그냥 걸어 두겠소! 그러면 왜 안 된다는 말이오? 내가 아직도 두 사람의 친구라는 것을 알고 있소. 여전히 내가 샤를로테의 마음 한 구석에 있는 것을, 그리고 내가 두 번째 자리를 차지하고 있다는 것도 알고 있소. 나는 계속 그 자리를 간직할 생각이오. 샤를로테가 나를 잊기라도 한다면 나는 미쳐버릴 거요! 알베르트, 이런 생각은 지옥과도 같소. 알베르트, 잘 있으시오!

1772년 3월 15일

나는 어떤 좋지 않은 일을 당했네. 그래서 이곳을 떠나야겠다는 생각을 하게 됐지. 나는 모든 인내심을 잃고 말았네!

C백작이 나를 매우 좋아한다는 것은 잘 알려진 사실이네. 나는 이 얘기를 자네에게 수차례 했었지. 어제는 백작과 같이 그의 저택에서 식사를 했지. **p.73** 중요한 요직에 있는 사람들이 많이 와 있었다네. 나는 그 거만한 사람들을 싫어하기 때문에 그들이 주고받는 어리석은 말을 듣지 않기 위해 그 자리를 뜨기로 했지. 그런데 그때 쾌활한 B양이 안으로 들어왔네. 나는 그대로 있었고 그녀에게 말을 걸었네. 그런데 그녀의 표정이 다소 당황한 것처럼 보이더니 평소처럼 편안하게 내 말에 대답을 하지 않는 걸세. 나는 그녀의 이상한 행동에 어리둥절했지. '이 여자도 다른 사람들과 같은 것일까?' 라는 생각에 나는 기분이 좋지 않았고 그 자리를 바로 뜨려고 했네. 그렇지만 그대로 앉아 있었지. 점점 더 중요한 자리에 있는 사람들이 속속 도착했네. 그런데 백작이 나에게 오더니 몇몇 사람들이 내가 그 자리에 있어서 불쾌해 하고 있다는 얘기를 하는 게 아닌가. 나는 급하게 그곳에서 나와 집으로 돌아왔네. 그러나 내가 백작의 집에서 강제로 쫓겨났다는 소문이 곧 퍼졌고 사람들은 나에 대해 수군거리고 있네.

그때의 상황 때문에 나는 무척 괴로웠네. 나는 그곳에 앉아 있던 사람들과 나를 쳐다보았던 모든 사람들이 그 일에 대해 생각하는 상상을 했네. 내 마음이 쓰라리게 아파오더군.

p.74 지금은 사람들이 나를 불쌍하게 여긴다는 얘기를 듣거나 내가 별볼일 없는 사람이라서 그런 대접을 받을 만하다고 떠들어대는 내 적들이 의기양양해 하는 것을 볼 때면 내 가슴에 칼이라도 찌를 수 있을 것 같은 심정이네.

1772년 3월 16일

모든 것이 나에게 등을 돌리고 말았네. 오늘 길을 걸어가다가 B 양을 만났지.

"베르테르 씨!" 그녀가 몹시 반갑게 말을 하더군. "어젯밤에는 고모가 당신을 거세게 비난했어요. 저는 뭐라고 당신을 변호할 수가 없었어요."

그녀가 내뱉는 모든 말들이 비수처럼 내 가슴에 꽂혔네. 빌헬름, 그녀의 말을 모두 듣고 나니 너무 놀라웠고 또 화가 났지. 나는 가끔 마지막으로 영원한 자유를 누리기 위해 내 손목을 잘라버리고 싶은 유혹을 느끼곤 하네.

p.75 *1772년 3월 24일*

나는 하던 일을 그만두었네. 내가 이곳을 떠나는 것은 당연한 일일세. 자네에게 이 소식을 우리 어머니께 전해달라는 부탁을 해야겠네. 자네가 어떤 말을 해도 내 마음은 변하지 않을 걸세. 그렇지만 이곳에 있는 어떤 공작을 위해 일할지도 모르겠네. 그는 나를 무척 좋아하네. 그리고 내가 일을 그만둘 생각이라는 소식을 듣고 나를 시골의 저택에 초대했네. 자신과 함께 봄철을 보내자고 말일세. 그래서 나는 그와 함께 시간을 보낼 생각이네.

1772년 5월 5일

내일이면 이곳을 떠나네. 내가 태어난 곳이 가까이에 있어서 한 번 더 방문할 생각인데 어린 시절의 행복한 꿈들을 떠올리고 싶네. 이제 안녕, 사랑하는 친구. 나중에 내가 앞으로 할 일에 대해 말을 해주겠네.

p.76 *1772년 5월 9일*

지금은 공작과 함께 그의 수렵별장에서 머물고 있네. 공작은 같이 있는 사람을 행복하게 하는 그런 사람일세. 그리고 정직한 사람이지. 그러나 그 주위에는 이해할 수 없는 이상한 사람들이 몇 있네. 그런 사람들은 전혀 정직해 보이지 않네.

그렇지만 공작이 내 재능을 높이 평가하기 때문에 당분간은 그와 같이 있는 것이 행복하네.

1772년 6월 11일

내가 더 이상 이곳에 머물 수 없다면 자네는 뭐라고 말을 하겠나? 공작은 더할 수 없이 나에게 관대하고 친절하지만 나는 이곳에 있는 것이 편안하지 않네. 사실, 우리는 비슷한 점이 아무것도 없네. 그는 이해심이 있는 사

람이기는 하지만 아주 평범한 수준이지. 우리는 함께 얘기를 나눌 만한 화
제거리가 많지 않다네. 나는 일주일 정도 더 있다가 다시 여행을 시작할 생
각이네.

p.77 *1772년 7월 16일*

나는 다시 한 번 나그네가 되어 세상을 돌아다니고 있네! 순례자처럼 말
일세.

1772년 7월 18일

과연 나는 어디로 가려는 것일까? 자네에게 분명히 말할 수 있네. 내가
다시 샤를로테의 곁으로 갈 수 있다면 얼마나 좋을까? 그것만이 내가 바라
는 전부일세. 이러한 내 마음에 냉소를 보내고 있지만 난 마음이 시키는 대
로 하고 있네.

1772년 7월 29일

샤를로테가 내 아내라는 상상을 한다면! 아, 하늘의 창조물 가운데 가장
아름다운 사람을 내 팔에 안고 있는 생각이란! 사랑하는 빌헬름, 알베르트
가 샤를로테를 품에 안은 것을 볼 때 나의 온 몸은 엄청난 고통을 느낀다네!

내가 이런 말을 해도 될까? 빌헬름, 그런 말을 해서 안 될 이유는 없지
않은가? 샤를로테는 알베르트와 함께 있는 것보다 나와 같이 있었다면 더
행복했을 걸세. **p.78** 알베르트는 그녀가 마음속으로 바라는 것들을 만족
시켜줄 수 있는 사람이 아닐세. 두 사람의 마음은 일치하지 않네. 친구여, 흥
미로운 책의 한 구절을 읽을 때 내 마음과 샤를로테의 마음이 서로 만나는
것 같은 경우가 얼마나 자주 있었는지, 그리고 우리가 서로를 위해 태어난
사람이라고 느낄 때가 수백 번이나 있었네! 그러나, 사랑하는 빌헬름, 알베
르트는 그의 온 영혼을 다해 그녀를 사랑하네. 그런 사랑이라면 그녀의 사
랑을 받을 만하지 않은가?

1772년 8월 21일

내 감정이 계속해서 변하고 있네. 어떤 때는 행복한 생각이 들기도 하
지. 그러나 그것은 한순간일 뿐일세. 곧바로 나는 스스로 이런 말을 하고 말

지. '알베르트가 죽는다면? 그래, 그렇게 되면 샤를로테는 내 여자가 될 수 있어!' 내가 추구하는 이런 환상은 나를 벼랑 끝으로 내몰고 있네.

p.79 *1772년 9월 3일*

가끔씩 이 세상에서 내가 그렇게 완전히 그리고 헌신적으로 사랑하는 사람은 오직 그녀 밖에 없는데 그녀는 어떻게 다른 사람을 사랑할 수 있는 지, 그래 감히 어떻게 다른 사람을 사랑할 수 있는지 이해할 수 없을 때가 있네. 나는 오직 그녀만 알고 있네. 다른 것은 아무 것도 가지고 있지 않네.

1772년 9월 5일

샤를로테가 일 때문에 시골에 가 있는 남편에게 편지를 썼지. 편지는 이렇게 시작되지. "사랑하는 당신, 가능한 빨리 돌아오세요. 나는 열렬한 마음으로 당신을 몹시 기다리고 있어요."

나는 우연히 샤를로테의 편지를 보게 됐지. 나는 그 편지를 읽고 웃었네. 그녀는 내가 웃는 이유를 물었지. 나는 말했네. "잠시 이 편지가 나에게 쓴 것이라고 상상을 했소." 그녀는 잠시 머뭇거리더니 표정이 좋지 않아졌지. 나는 아무 말도 하지 않았네.

p.80 *1772년 9월 6일*

나는 샤를로테와 처음 춤을 췄을 때 입었던 파란 외투를 던져버렸네. 더이상 나는 그 옷을 입을 수가 없다네. 새 외투를 주문했는데, 그것은 내게 다른 느낌을 줄 걸세.

1772년 9월 12일

며칠 동안 샤를로테의 모습이 보이지 않았네. 그녀는 알베르트를 만나러 갔거든. 나중에 내가 그녀를 찾아갔지. 그녀는 일어서서 나를 맞아 주었고, 나는 그녀의 손에 아주 부드럽게 입을 맞췄지.

샤를로테는 내게 새 카나리아를 보여줬네. 그녀는 그 새에게 키스를 하고 새가 나에게도 그렇게 하도록 했네. 그녀는 먹이를 입에 물고 그 새에게 주었네. 나는 얼굴을 돌리고 말았지. 그녀는 그런 행동을 하지 말았어야 했네. 그녀는 자신의 행복을 그렇게 보여주면서 내 상상력을 자극하지도 그리고 내 마음을 일깨우지도 말았어야 했네. 왜냐고? 내가 그녀를 얼마나 사랑하는지 그녀는 알고 있기 때문이지.

p.81 *1772년 9월 15일*

빌헬름, 인생에서 진정한 가치를 지닌 작은 것들에 대해 감사할 줄 모르는 사람이 있다는 걸 생각하면 참 비참한 기분이 드네. 자네는 S 마을에 있던 호두나무들을 기억하고 있겠지. 내가 훌륭한 노목사 댁을 방문하는 동안 샤를로테와 함께 앉아 있곤 하던 그 나무 말일세. 그 아름다운 나무들의 모습이 종종 내 마음을 온통 기쁘게 했었지. 학교선생님이 눈시울을 글썽이며 어제 우리에게 그 나무들이 베어질 거라고 알려줬네! 화가 난 나는 그 사랑스러운 나무들을 베는 괴물을 죽일 수도 있을 것 같았네!

1772년 10월 10일

샤를로테의 짙은 눈동자를 바라보는 것만으로도 나는 행복하다네! 반대로 나를 슬프게 하는 것은 알베르트가 그가 바랐던 것만큼 행복해 보이지 않는다는 것이네. 나라면 분명 행복했을 텐데 말일세.

p.82 *1772년 10월 19일*

이런! 나는 가슴이 오싹한 허무함을 느끼고 있네! 그녀를 딱 한 번만 내 가슴에 안아볼 수 있다면 이런 두려운 공허함이 메워질 텐데 하는 생각을 가끔 한다네.

1772년 10월 26일

그래, 빌헬름, 매일 나는 우리 인간이라는 존재가 참으로 보잘것없다는 것을 더욱 확신하게 되네. 샤를로테의 친구 중 한 명이 지금 샤를로테를 만나기 위해 와 있네. 나는 책을 읽으면서 두 사람이 최근 소식들과 병이 들어 죽어가는 사람들에 대해 얘기를 나누는 것을 들었네. 나는 그 사람들이 모든 괴로움과 고통 그리고 공포를 느끼면서 죽음과 싸우고 있다는 것을 상상했네. 빌헬름, 두 여자는 이 모든 것들에 대해 무관심하게 말을 했네. 마치 낯선 사람의 죽음에 대해 말을 하는 것 같았지. 내가 죽는다면 내 친구들은 내 죽음에 대해 얼마 동안이나 아파할까? **p.83** 도대체 얼마나! 그래, 사랑하는 사람의 기억과 마음에서조차 인간이란 나약한 존재는 얼마나 빨리 소멸하고 사라져버리는지.

1772년 10월 27일

우리가 다른 사람이 느끼는 감정에 거의 영향을 끼치지 못한다는 것을 생각할 때면 내 마음은 찢어지는 것 같네. 내 마음이 사랑으로 가득하다 해도 그녀가 나를 사랑하도록 할 수 있는 것은 아무 것도 없네.

1772년 10월 27일 저녁

나는 많은 것을 소유했지만 그녀에 대한 내 사랑은 그것들을 모두 삼켜버리고 말지. 나는 많은 것을 소유했지만 샤를로테 없이는 아무 것도 가진 것이 없는 거나 같네.

1772년 10월 30일

나는 수차례나 그녀를 안을 뻔했네. **p.84** 신이시여! 우리 눈 앞에서 그렇게 많은 사랑스러운 것들이 지나쳐가는 걸 보면서도 감히 만져보지 못하는 것이 얼마나 큰 고통인지! 서로를 만지는 것은 가장 자연스러운 인간의 본능이지. 아이들은 눈에 보이는 모든 것을 만지지 않는가?

1772년 11월 3일

내가 얼마나 자주 다시는 깨어날 수 없기를 바라며 침대에 누워있는지. 아침에 눈을 뜨고 다시 한번 태양을 바라볼 때면 나는 비참한 기분이 되고 마네.

1772년 11월 8일

샤를로테가 내 행동에 대해 상냥하고 친절하게 나무랐네. 최근에 나는 술을 너무 많이 마시고 있었네.

그녀가 말했네. "그러지 마세요. 저를 생각해서라도요!"

나는 이렇게 대답했지. "당신을 생각하고 있소! 당신은 내 영혼 안에 있소!"

그녀는 갑자기 내가 더 이상 그런 말을 하지 못하도록 화제를 바꿔버렸지.

p.85 사랑하는 친구여, 나는 내 힘을 완전히 다 써버렸네. 그녀는 자신이 원하는 대로 나를 마음대로 할 수 있게 되었다네.

1772년 11월 15일

빌헬름, 훌륭한 충고를 해준 것 고맙네. 그렇지만 더 이상은 아무 말도 하지 말아주게. 나를 고통 속에 그냥 놔두게. 자네 앞에서 내 온 영혼을 송두리째 보여주었네. 인간의 운명이란 과연 무엇인가? 자신에게 주어진 쓰라린 고통을 겪고 받아들이는 것이 아니겠는가?

1772년 11월 21일

샤를로테는 자신이 우리 두 사람 모두를 파멸시킬 독약을 준비하고 있다는 것을 모르고 있네. 나는 컵에 든, 나를 파멸시킬 독약을 깊이 들이마시고 있네. 자신에 대한 내 감정을 들었을 때 그녀가 보여주는 친절함은 도대체 무슨 뜻이란 말인가? **p.86** 나의 고통에 대해 들었을 때 그녀의 얼굴에 나타난 연민의 표정은 또 무슨 뜻인가?

어제, 내가 떠날 준비를 하자 샤를로테가 내 손을 잡고 말했네. "안녕히 가세요, 사랑하는 베르테르 씨."라고 말이네.

사랑하는 베르테르 씨! 그녀가 나를 그렇게 부른 것은 그때가 처음이었네. 그 소리는 내 가슴 속 깊이 전달되었지. 나는 백번이나 그 말을 되풀이했네. 그리고 어젯밤에 잠자리에 들었을 때 나는 이런저런 말을 중얼거리다가 갑자기 "잘 자요, 사랑하는 베르테르!"라는 말을 하고 말았네. 나는 혼자 웃을 수밖에 없었네.

1772년 11월 22일

"그녀를 나에게 주십시오!" 나는 이런 기도는 할 수 없네. 그녀는 다른 사람의 아내이기 때문이지.

1772년 11월 24일

샤를로테는 내 고통을 알고 있네. 오늘 아침 그녀의 표정은 내 영혼을 꿰뚫었네. 그녀는 혼자 있었는데 너무나 조용했네. **p.87** 나는 그녀의 표정에 마음이 흔들렸네. 아주 깊은 동정심과 부드러운 연민이 담긴 표정이었지. 왜 나는 그녀의 발치에 몸을 던지기를 두려워하고 있는 것일까? 왜 나는 용기를 내어 그녀를 안고 수천 번의 키스를 하지 못하는 것일까?

그녀는 마음을 가라앉히기 위해 피아노로 가서 낮고 달콤한 목소리로 노래를 부르며 피아노를 치기 시작했네. 그녀의 입술이 그때처럼 사랑스러웠던 적은 없었네. 나는 감정에 압도당한 나머지 이런 맹세를 하고 말았네. "아름다운 입술이여, 나는 키스로 그 순수함을 파괴하지는 않으리라."

그런데, 친구여, 내 마음은 그 맹세에 대한 의심으로 가득하고 또 확신이 서지 않았지. 결국 나는 행복을 느낀 뒤에 내 죄를 회개하고 죽을 수 있기를 진정으로 바라고 있다네.

1772년 12월 4일

나는 더 이상은 참을 수가 없네. 오늘 나는 샤를로테 곁에 앉아 있었네. 그녀는 너무나 열정적으로 피아노를 연주했지! **p.88** 그녀의 어린 여동생이 내 무릎에 앉아 인형에게 옷을 입혀주고 있었지. 그때 내 눈에 눈물이 글썽거리고 말았네. 나는 몸을 숙였고 샤를로테의 결혼 반지를 보았네. 눈물이 흐르더군. 그때 샤를로테는 자신의 가장 좋아하는 곡을 연주하기 시작했네. 처음에는 그 곡이 위로가 됐지만 내가 견뎌내고 있는 모든 슬픔과 실망감들이 떠오르더군. 나는 급하게 방을 걸어 다녔는데 내 마음은 고통의 감정으로 가득 차 올랐지.

결국 나는 그녀에게 말했네. "제발, 연주를 그만 하시오!"

그녀는 연주를 멈추었고 나를 봤네. 그리고 웃으면서 말을 했지. "베르테르 씨, 아픈 것 같군요. 그만 돌아가서 몸을 추스르세요, 제발."

나는 그곳에서 나왔지. 신이시여, 당신은 제 고통을 지켜보고 계십니다. 제발 그 고통을 끝내주시길!

1772년 12월 6일

샤를로테의 모습이 얼마나 나를 따라다니는지! 깨어 있을 때도 잠들어 있을 때도 그녀는 내 영혼을 가득 채우고 있네! **p.89** 내가 눈을 감자마자 그녀의 두 눈이 내 앞에 나타나네.

3장 독자에게 전하는 편집자의 글

p.90 우리의 친구 베르테르의 주목할 만한 마지막 날들이 어떠했는지를 보여주는 애초의 증거들이 부족한 것에 대해 매우 유감스럽게 생각하는 바입니다. 그래서 이 편지들을 넣어서 독자들에게 몇 가지 사실들을 설명하고자 합니다.

저는 정확한 정보를 모으는 것이 제 임무라는 생각을 했습니다. **p.91** 이야기는 단순합니다.

베르테르의 영혼은 슬픔과 불만으로 가득 찼고, 결국 그것들이 그의 존재 전체를 사로잡고 말았습니다. 그의 마음의 평화는 완전히 깨지고 말았습니다. 그는 곧 우울한 사람으로 변해버렸고, 항상 불행하고 부당한 생각들만 하게 되었습니다. 그리고 점점 더 비참한 기분이 되고 말았습니다. 이것은 알베르트의 친구들의 의견입니다.

베르테르는 자신이 알베르트와 샤를로테의 행복을 가로막았다고 생각했습니다. 그리고 이것에 대하여 자신을 맹렬히 비난하는 동시에 알베르트를 은밀히 혐오하기 시작했습니다.

하루는 베르테르가 샤를로테의 아버지의 집에 갔는데 사람들이 평소와는 다르게 소란스러워 하는 것을 목격했습니다. 가장 나이가 많은 남자아이가 엄청나게 불행한 일이 발하임에서 벌어졌다고 베르테르에게 알려줬습니다. 바로 한 농부가 살해되었다는 것이었습니다! **p.92** 범인은 아직 알려지지 않은 상태였는데 그 농부는 그날 아침에 자신의 집 문가에서 죽은 채로 발견되었습니다. 그리고 그 살인을 저지른 사람이 미망인 밑에서 일을 했던 사람이었는데 해고를 당했다는 추측이 나오고 있었습니다.

베르테르는 이 소식을 듣자마자 극도로 흥분해서 외쳤습니다. "정말입니까? 내가 현장에 가야겠군요. 잠시도 머뭇거릴 수 없습니다!"

그는 급히 발하임으로 갔습니다.

그가 여인숙에 들어섰을 때 갑자기 비명소리들이 들려왔습니다. 무장한 농부들이 범인이 붙잡혔다고 외치면서 다가오고 있었습니다. 베르테르는 붙잡힌 사람을 보았는데 그는 다름아닌 전에 미망인을 사랑했던 그 하인이 었습니다.

p.93 "불쌍한 사람 같으니, 왜 그런 짓을 한 겁니까?" 베르테르가 물었습니다.

그 남자는 너무나 차분하게 말했습니다. "이제 아무도 주인님과 결혼하지 못할 겁니다. 주인님이 누구와도 결혼하지 않으려 할 테니까 말입니다."

베르테르는 그 말에 큰 충격을 받았습니다. 그는 그 죄인에게 큰 연민을 느꼈고 순간 그를 구해줘야겠다는 결심을 했습니다. 그는 자신의 불행한 처지가 죄인의 처지와 아주 비슷하다는 생각을 했고 혼신의 힘을 다해 재판에서 그를 변호하기 시작했습니다.

그러나 판사는 베르테르의 변론을 받아들이지 않았습니다. 알베르트도 판사의 의견에 동의했습니다. 베르테르는 몹시 화가 났고, 판사가 그에게 죄인은 구원받을 수 없다고 말하자 크게 화를 내면서 그곳을 나왔습니다.

베르테르는 이 사건에서 알베르트가 판사하게 한 말들이 어느 정도 자신에 대한 개인적인 비난을 담고 있다고 느꼈습니다.

p.94 겨울이었지만 따뜻했던 어느 저녁에 샤를로테와 알베르트가 함께 집으로 돌아오고 있었습니다. 샤를로테는 가끔씩 주위를 살펴보는데 마치 베르테르가 옆에 없는 것이 서운한 것 같았습니다. 알베르트는 베르테르를 비난하기 시작했는데 샤를로테에게 예전처럼 그를 자주 만나지 말라고 했습니다. 샤를로테는 아무런 대답을 하지 않았고, 알베르트 역시 베르테르에 대해 다시 언급하지 않았습니다.

불행한 살인자를 구하려는 베르테르의 헛된 노력은 그의 마지막 희망이나 다름없었습니다. 그러나 그 노력이 실패로 돌아가자 그는 깊은 좌절감에 빠지고 말았습니다.

그는 지난날의 모든 불행했던 일들을 떠올리기 시작했습니다. 결국 그는 살아갈 의지를 모두 상실한 채 완전히 무기력해지고 말았습니다.

그는 자신의 열정, 의심, 몸부림 그리고 생의 권태 등을 담은 몇 통의 편지를 남겼습니다.

p.95 *1772년 12월 15일*

빌헬름, 나의 문제는 무엇일까? 나는 내 자신이 두렵다네! 샤를로테를 향한 나의 사랑은 가장 순수하고 가장 성스럽고 가장 형제애다운 것이 아니었던가? 오늘 밤 나는 그녀를 내 품에 안고 그녀의 입술에 수없이 키스를 했네. 그런 행복을 느끼는 것이 과연 죄악일까? 샤를로테! 샤를로테! 나는 길을 잃었소! 내가 사라지는 것이 더 좋을 것 같소.

위와 같은 상황에서 베르테르는 세상에 이별을 고하려는 결심을 하게 되었습니다. 샤를로테가 돌아온 이후 이런 생각들은 그의 모든 희망과 바람의 마지막 목표가 되었던 것입니다.

그의 고통과 내적인 몸부림은 친구 빌헬름에게 보내는 편지의 시작 부분인 다음의 글을 보면 알 수 있습니다.

p.96 *1772년 12월 20일*

빌헬름, 자네의 충고에 대해 고맙게 생각하네. 그래서 자네의 충고에 대해 아주 이성적으로 반복해서 생각해 보았네. 그래, 자네의 말이 옳아. 의심할 것도 없이 내가 떠나는 것이 더 좋을 걸세.

우리 어머니에게 이 아들을 위해 기도를 해달라고 말씀드려 주게. 그리고 나로 인한 모든 불행에 대해서도 용서를 구한다고 말씀드려 주게. 사랑하는 사람들에게 상처를 주는 것이 항상 나의 운명이었네. 가장 사랑하는 친구여, 그럼 이만 작별의 인사를 하겠네.

샤를로테가 이 시기에 어떤 감정이었는지 설명하는 것은 어려운 일입니다. 단지 그녀가 모든 수단을 다 동원해서 단호하게 베르테르를 피하려 했다는 것은 분명합니다. 그녀가 자신의 결심에 대해 주저했다면 그것은 우정이 담긴 연민으로 인한 진실한 감정 때문이었을 것입니다.

크리스마스를 앞둔 일요일, 베르테르가 샤를로테의 집에 도착해보니 샤를로테 혼자 있었습니다. **p.97** 그녀는 동생들에게 줄 선물을 준비하느라 분주했습니다.

"샤를로테!" 베르테르가 외쳤습니다. "더 이상은 당신을 볼 수 없을 거요!"

"무슨 말씀이시죠?" 그녀가 물었습니다. "우리는 분명 다시 만나게 될 거예요. 당신은 왜 그렇게 감정적인 성격을 가지고 태어난 거죠?"

샤를로테는 베르테르의 손을 잡고는 다시 말했습니다. "좀 진정하세요. 당당한 남자가 되세요. 그리고 당신을 가엾게 여기는 것 말고는 아무 것도 해줄 수 없는 나 같은 여자를 사랑하지 마세요."

그녀는 계속 그의 손을 잡고 있었습니다. "당신은 스스로를 기만하고 있고 또 스스로 파멸의 길로 가고 있다는 것을 모르나요? 왜 당신은 나를, 이미 다른 사람의 아내인 저를 사랑해야만 하는 거죠? 저를 소유할 수 없다는 그 불가능함이 저에 대해 그토록 강한 욕망을 갖게 한다는 것이 두려워요. 당신을 행복하게 해줄 여자가 이 세상에는 없는 건가요? `p.98` 당신의 사랑을 받을 만한 여자를 찾으세요. 그런 다음 돌아오세요. 그리고 다함께 가장 순수한 우정을 나누는 거예요."

베르테르가 말했습니다. "사랑하는 샤를로테, 조금만 더 머물게 해주시오. 그러면 모든 것이 잘 될 겁니다."

그녀가 대답했습니다. "베르테르 씨, 크리스마스 전에는 다시 와서는 안 돼요."

베르테르는 집으로 돌아왔습니다. 12월 21일 월요일 아침에 그는 샤를로테에게 다음과 같은 편지를 씁니다. 그 편지는 그가 죽은 뒤에 책상에서 발견되었죠.

"모든 것이 끝났소, 샤를로테. 나는 죽기로 결심했소! 내가 당신을 마지막으로 만나게 되는 날 아침에 차분하게 이 결심을 하고 있소. 그렇소, 샤를로테. 우리 세 사람 중 누군가는 죽어야 하오. 그 사람은 바로 나, 이 베르테르가 될 거요. 사랑하는 샤를로테! 분노로 가득 찬 내 마음은 당신의 남편과 당신 그리고 나 자신을 죽이는 끔찍한 생각까지도 했소. 이제 결심했소. `p.99` 이 편지를 쓰기 시작하는 순간 내 마음은 평온해졌소. 그러나 당신에 대한 기억은 마치 어린아이처럼 나를 울게 만드오."

약 오전 열 시 경에 베르테르는 하인을 불러 여행을 떠날 거라는 말을 전했습니다.

다섯 시 경에 집으로 돌아온 뒤 베르테르는 샤를로테에게 쓴 편지에 다음의 글을 덧붙인 것으로 보입니다.

"당신은 내가 당신의 말에 따라 크리스마스 전날까지는 당신을 찾아가지 않을 거라고 생각하겠군요. 샤를로테, 오늘은 아니 절대 그럴 일은 없을 겁니다! 크리스마스 전날 당신은 이 편지를 손에 쥐게 될 겁니다."

p.100 한편 샤를로테는 연민에 빠져 있었습니다. 베르테르와 마지막 대화를 나눈 뒤에 그녀는 베르테르를 자주 볼 수 없다는 것에 고통스러웠고 또한 그가 없다는 생각에 마음이 아팠습니다.

샤를로테는 혼자 앉아 깊은 생각에 잠겼습니다. 그녀는 영원히 남편에게 헌신할 생각이었습니다. 한편으로, 베르테르 역시 그녀에게 소중한 존재가 되었습니다. 처음 두 사람이 만났을 때부터, 그들은 정서적으로 깊은 유대감을 느꼈습니다. 그녀는 그와 함께 모든 생각과 감정을 공유했기 때문에 그가 없는 것을 견딜 수가 없었습니다. 그녀는 그의 마음을 바꿔서 그를 그녀의 형제처럼 대할 수 있기를 바랐습니다. 그래서 그를 그녀의 친구들 중 한 명과 결혼하게 할 수 있을 거라는 생각도 했습니다. 그렇지만 자신의 친구들을 하나씩 생각해봐도 적당한 친구가 없다는 것을 알았습니다.

드러내지는 못했지만 샤를로테가 진짜로 원했던 것은 그녀 스스로가 베르테르를 붙잡는 것이었습니다. 그러나 그녀의 순수한 마음은 그런 생각에 비참함을 느끼고 있었습니다.

p.101 여섯 시 반이 되었을 때 그녀는 베르테르가 계단을 올라오는 소리를 들었습니다. 그녀는 그녀를 찾는 베르테르의 목소리를 알 수 있었습니다.

그녀가 외쳤습니다. "당신은 약속을 지키지 않으셨군요!"

"나는 어떤 약속도 하지 않았소." 베르테르가 말했습니다.

그녀는 냉정을 찾으려고 했고 베르테르의 옆에 조용히 앉아 있었습니다. 베르테르는 평소대로 소파에 앉았습니다.

그녀가 말했습니다. "제 책상에 당신이 번역한 오시안의 시 몇 구절이 있을 거예요. 저를 위해 그걸 읽어주세요."

베르테르는 미소를 지었고 눈물이 가득 고인 눈으로 읽기 시작했습니다. 그 시는 슬픔과 비통함의 말들로 가득했습니다.

샤를로테의 눈에서 눈물이 흘렀습니다. 베르테르는 책을 던져버리고 그녀의 손을 붙잡고 애닯게 울었습니다. 그녀는 베르테르에게 나가달라고 애원했습니다. p.102 심한 절망감에 베르테르는 샤를로테의 발치에 쓰러졌고 그녀의 손을 잡고 자신의 얼굴로 가져갔습니다. 베르테르에 대해 깊은 연민을 느낀 샤를로테는 그에게 좀 더 가까이 몸을 기댔고, 자신의 따뜻한 뺨을 그의 뺨에 대었습니다. 베르테르는 팔로 그녀를 안았고 열정적으로 키스를 했습니다. 그러자 샤를로테가 몸을 돌렸습니다.

"베르테르! 이번이 마지막이에요. 다시는 저를 볼 수 없을 거예요!"

그리고는 마지막으로 가엾은 연인을 부드럽게 바라보더니 방 밖으로 나가서 문을 잠가버렸습니다.

베르테르는 문으로 걸어가서 낮은 목소리로 말했습니다. "샤를로테, 샤를로테!"

아무런 대답이 없었습니다. 그는 가만히 서서 귀를 기울였지만 조용하기만 했습니다.

결국 그는 그 집에서 나오면서 외쳤습니다. "안녕, 샤를로테, 영원히 안녕!"

p.103 베르테르는 집으로 달려왔습니다. 다음날 아침 하인이 커피를 가져다주었을 때 베르테르는 편지를 쓰고 있었습니다. 그는 샤를로테에게 쓰는 편지에 다음의 말을 덧붙였습니다.

"지금이 바로 내가 눈을 뜨고 있는 마지막 순간이오. 오! 내 눈은 더 이상 태양을 볼 수 없을 거요. 두터운 구름에 가려져 있을 테니까. 이것이 마지막이오! 오늘은 서 있을 수 있지만 내일은 그럴 수 없소. 나는 차가운 땅 속에 누워 있을 것이오. 제발 나를 용서해주시오, 제발! 어제는 내 인생의 마지막 날이었소! 당신은 천사요! 내 인생에서 처음으로 나는 내 영혼 안에 황홀경을 느꼈소. 샤를로테가 나를 사랑하고 있다니!

나는 당신이 나를 사랑하는 것을 알고 있었소. 당신의 표정에서 그걸 보았고 내 손을 잡을 때 그걸 알았소. 비록 당신 옆에 있는 알베르트를 보았을 때 의심과 두려움이 다시 생기기는 했지만 말이오.

샤를로테는 나를 사랑한다! 그녀는 내 여자이다! 그렇소, 샤를로테, 당신은 영원히 내 사랑이오.

p.104 사람들이 알베르트가 당신의 남편이라고 말할 때 무슨 뜻으로 그런 말을 한 것일까요? 그는 이 세상에서는 당신의 남편일 수 있소. 그래서 이 세상에서 당신을 사랑하는 것은 죄가 되오. 그렇소, 그것은 범죄요. 나는 그 죄에 대한 처벌로 고생하고 있지만 내 죄가 가져다주는 완전한 기쁨을 누렸소. 이 순간부터 당신은 내 사랑이오. 그렇소, 샤를로테, 당신은 내 것이오! 나는 당신을 부르겠소. 그리고 영원히 당신의 사람으로 남을 것이오!"

약 열한 시 경에 베르테르는 하인에게 다음의 쪽지를 알베르트에게 전해달라고 했습니다. 그 쪽지는 봉인되지 않은 상태였습니다.

"여행을 떠날 예정이니 권총을 빌려주시오. 그럼 안녕히."

샤를로테는 그날 밤 거의 잠을 못 이루었습니다. 남편에게 어떻게 말을 할까? 그동안 벌어진 일들에 대해 어떻게 고백을 할까?

그렇게 몇 시간을 보낸 샤를로테는 점점 더 슬퍼졌습니다.

p.105 그때 베르테르의 하인이 도착했습니다. 그는 알베르트에게 쪽지를 전해주었습니다.

알베르트는 그것을 읽고는 아내에게 무심히 건네주며 말했습니다. "그에게 권총을 주시오. 그가 즐거운 여행을 했으면 좋겠소."

충격을 받은 샤를로테는 천천히 자리에서 일어서 떨리는 손으로 권총을 꺼내서는 권총의 먼지를 천천히 닦아냈습니다. 그리그 그 운명의 무기를 아무런 말도 하지 못한 채 하인에게 전해줬습니다. 샤를로테는 뭔가 끔찍한 일이 벌어질 것 같은 느낌이 들었습니다. 그녀는 남편에게 뭔가 말하고 싶었지만 그럴 수가 없었습니다.

p.106 하인이 권총을 베르테르에게 가져다 주었고 그는 다음의 편지를 쓰기 위해서 자리에 앉았습니다.

"이 권총은 당신의 두 손에 있었던 것이오. 당신이 직접 권총의 먼지를 닦아냈소. 나는 이 권총에 수천 번이나 키스를 했소. 당신이 만졌던 것이기 때문이오. 당신의 손에 죽는 것이 나의 소망이었는데 그런 바람은 이제 이뤄질 것이오. 나는 하인에게 자세한 것들을 물었소. 그는 당신이 이 권총을 건네줄 때 몸을 떨었다고 했소. 그렇지만 나에게 작별의 인사는 하지 않았다고 했소. 나를 가엾게 여겨주시오! 잘 가라는 인사도 하지 않다니! 어떻게 당신은 나에 대한 마음을 굳게 닫을 수 있는 거요? 당신은 그렇게 열정적으로 당신을 사랑하는 남자를 미워해서는 안 되오!"

저녁 식사를 마친 그는 계속 편지를 썼습니다.

"빌헬름, 나는 마지막으로 산과 숲과 그리고 하늘을 바라보았네. 안녕! 자네와 내 사랑하는 어머니가 부디 나를 용서하기를! 빌헬름, 내 어머니를 돌봐드리게. 신의 가호가 있기를 비네! 안녕! 우리는 다시 만나게 될 걸세. 그리고 지금보다 더 행복해질 걸세."

"알베르트, 나는 당신에게 못되게 굴었소. 그렇지만 나를 용서해줄 거라고 생각하오. 나는 당신 가정의 평화를 방해했소. p.107 안녕히 계시오! 나는 이 모든 비참함을 끝낼 생각이오. 부디 나의 죽음으로 당신이 행복해지길! 알베르트, 알베르트! 그 천사를 행복하게 해주시오, 그리고 신의 가호가 있기를!"

그는 서류를 정리하며 저녁을 보냈습니다. 여기 그가 마지막으로 남긴 말이 있습니다.

"열한 시가 넘었다! 주위는 온통 조용하고 나의 영혼도 차분해졌다. 신이시여, 신께서 이 마지막 순간에 저에게 힘과 용기를 주신 것에 감사드립니다.

권총에는 총알이 장전되어 있고 시계가 열두 시를 알렸다. 나는 아멘이라고 말한다. 샤를로테, 샤를로테! 안녕, 영원히 안녕!"

이웃에 사는 한 사람이 섬광을 보았고 권총 소리를 들었습니다. 그러나 그 이후 모든 것이 조용했기 때문에 그 이웃은 안 좋은 일이 벌어졌다고는 생각하지 않았습니다.

p.108 아침 여섯 시에 하인이 등불을 들고 베르테르의 방으로 갔습니다. 그리고 주인이 피를 흘리며 바닥에 쓰러져 있는 걸 발견했습니다. 옆에는 권총이 놓여 있었습니다. 그러나 그때까지 베르테르는 살아 있었습니다. 하인은 의사를 부르러 달려갔고 그런 다음에는 알베르트의 집으로 갔습니다. 벨소리를 들은 샤를로테는 몸이 오싹해지는 것을 느꼈습니다. 그녀는 남편을 깨웠고 두 사람은 자리에서 일어났습니다. 하인이 울면서 그 끔찍한 소식을 전했습니다. 샤를로테는 의식을 잃고 알베르트의 발치에 쓰러졌습니다.

의사가 도착했을 때 가엾은 베르테르는 여전히 바닥에 누워 있었습니다. 총알은 그의 오른쪽 눈 위의 두개골을 관통했습니다. 그렇지만 그는 여전히 숨이 붙어 있었습니다.

베르테르의 집과 이웃 그리고 마을 전체가 곧바로 떠들썩해졌습니다. p.109 알베르트가 도착했고 사람들이 베르테르를 침대에 눕혔습니다. 그의 머리에는 붕대가 감겨져 있었습니다. 팔과 다리에는 전혀 움직임이 없었습니다. 그러나 아주 약하게나마 숨을 쉬고 있었습니다. 죽음이 어느 때라도 찾아올 수 있는 상태였습니다.

저는 알베르트가 느낀 고통이나 샤를로테의 슬픔에 대해서는 언급하지 않겠습니다.

열두 시에 베르테르는 숨을 거두었습니다. 그날 밤 열한 시에 사람들은 베르테르가 원하는 곳에 그를 묻었습니다.

판사와 그의 아들들이 무덤까지 유해를 따라갔습니다. 알베르트는 그들을 따라갈 수 없었습니다. 샤를로테의 목숨이 위태로웠기 때문입니다. 베르테르의 유해는 일꾼들이 운반했습니다. 성직자는 단 한 사람도 참석하지 않았습니다.

중학교 영어로 다시 읽는 세계명작 시리즈

신서판 | 200~400쪽 | 6,500~8,000원